川石酒造之助《みきのすけ》の道場での指導の様子（27歳）

渡仏後間もないころの粟津（上）
ビアリッツでの夏の講習会（下）。右から
6人目が粟津、その左隣が川石酒造之助

天理で行われた「フランス柔道指導者講習会」で、受講者を指導（1999年）

ヨーロッパ最古のスポーツクラブといわれるレーシング・クラブの柔道場「DOJO SHOZO AWAZU」は、粟津の功績を称えてその名を冠している。また、これとは別にフランス柔道連盟にも「DOJO AWAZU」がある

第18回オリンピック東京大会柔道競技無差別級で金メダルを獲得した
アントン・ヘーシンク選手と、中山正善（1964年10月24日・東京）

第18回オリンピック東京大会の日本柔道選手・監督・関係者と中山正善
（1964年10月９日・ 選手村にて）

ブランデージ IOC 会長（上写真・中央）が IOC 委員一行とともに
天理を訪問。左隣が中山正善（1958年 5 月）
BBC 日本語放送部長・トレバー・レゲット（下写真・右から 2 人目）
とともに（1953年11月・天理大学柔道場）

旧制大阪高等学校柔道部の集いで（1966年11月）

目次

雪に耐えて梅花潔《きよ》し

フランス柔道の父・粟津正蔵と
天理教二代真柱・中山正善

序章　フランス在住の老柔道家

フランス・パリの南西郊外にある閑静な住宅街フォントネイ・オ・ローズ市。その瀟洒《しょうしゃ》な一軒家のサロンに、一人の老柔道家が座っている。九十歳になるにもかかわらず、かくしゃくとしている。

とはいえ長年、柔道で痛めつけた身体である。歩くには杖《つえ》が必要だ。さらに耳も遠くなってきた。

身体はそれほど大きくないが、柔道で鍛え上げられた体躯《たいく》は、往年の雄姿を彷彿《ほうふつ》させるものがある。寝技の稽古《けいこ》のゆえであろう、柔道家の常として耳は大きく変形している。小指は九〇度近く外側へ湾曲している。

耳の変形を指摘すると、フフフと笑い、「私には見えないので、全く気にならない」と短く答えた。

普段は寡黙《かもく》で通っているが、興に入れば熱弁になってくる。とりわけ柔道の話になると、自然と言葉に力がこもってくる。

柔道家の名は粟津《あわづ》正蔵《しょうぞう》。フランス柔道の〝育ての親〟である。

彼のフランス在住歴は長い。初めての渡仏が一九五〇年というから、もう六十年を超えた。その間、ひたすらフランス柔道界の発展に力を尽くしてきた。

「こんなに長くフランスに居続けるとは思いもよらなかった。そもそも初めは、一年だけということで来たわけですから。人生とは分からんもんですな。気がつけば、いつしか、この年になるまでフランスで過ごすことになってしまった」

粟津は、ふと過去を振り返るように独白した。

会話の途中で、息子の浩三《こうぞう》がたまたまやって来た。浩三は当地の大学を卒業し、建築関係の職場で知り合ったフランス人女性と結婚した。三人の娘をもうけ、すでに長女は結婚して子供がいる。つまり、粟津の曾孫《ひまご》になる。

息子は、柔道はしていない。

「それは少し寂しくないですか？」と尋ねてみたい気もしたが、彼の表情から、それはそれで納得しているようなので聞くのをやめた。

話がひとしきり落ち着いたところで、妻の民枝《たみえ》が「どうぞ、お一つ」とケーキを勧めてくれた。

民枝は、粟津の遠縁に当たる女性で、粟津の妹・静子《しずこ》と懇意であった。独身時代、粟津を交えた三人でお茶を習ったこともある。だから、互いに旧知の仲であった。静子は十九歳の若さで亡くなったが、生前、民枝との結婚を勧めていた。渡仏前に身を固めておいたほうがいいと粟津自身も考え、周囲も賛成したため、民枝と結婚することになった。

民枝に言わせると、独身時代の粟津は「寡黙で、いつも怖い顔をしていた」という。粟津の実家は酒屋を営んでいた。遠縁ということもあり、民枝はよく粟津の家へ酒を買いに行かされた。徳利《とっくり》を持って要る分だけ買って帰るのだが、そのとき会う粟津は、いつも怖い顔をしていたらしい。おそらく、とっつきにくい印象だったはずであるが、それが結婚をためらわせる理由にはなっていない。当時の結婚事情では、二人の思いもさることながら、周りの意向が最も左右する。

また、今日のように晩婚が当たり前の時代でもない。したがって、周囲に特別な事情がない限り、問題は起きない。事実、二人の結婚もごくスムーズに決まった。

かくして二人は昭和二十四年、京都の平安神宮で式を挙げる。栗津二十六歳、民枝二十四歳であった。

栗津の渡仏が決まった直後のことである。

第一章

渡仏前夜

生い立ち

粟津《あわづ》は大正十二年四月十八日、父・伊一郎《いいちろう》、母・スミの長男として京都に生まれた。父は酒屋を営みながら、町内会長や府会議員、さらには在郷軍人会の会長も務める地元の名士であった。一方、スミは、不幸なことに粟津が小学三年生の折に早世している。

粟津が自らの生い立ちを語るとき、その話の起こりは父母の時代からではない。それはまず、祖先の系譜から始まる。

粟津家の源流は天武帝《てんむてい》の孫に当たる粟津王であったという。天武には幾人もの皇子がいたが、第三子に有名な大津皇子《おおつのみこ》がおり、その第二子が粟津王に当たる。

不幸にも、父・大津皇子は権力闘争の渦中で自害させられ、母・山辺皇女《やまのべのひめみこ》も死を共にするが、粟津王は生き延びて音羽《おとわ》の地へ移り住み、地元の発展に尽くしたという。事実、音羽森廻町《もりまわり》の若宮八幡宮《わかみやはちまんぐう》境内には、大津皇子と粟津王の供養塔が建てられている。また、粟津がのちに引っ越すことになる山科《やましな》には粟津神社があり、その周辺の家は皆、粟津姓であったという。

もう一つ、粟津家に伝わっている故事がある。応仁《おうにん》の乱で有名な細川勝元《ほそかわかつもと》の感謝状が残っているというのである。これは粟津自身、実際に目にしたことはないが、父・伊一郎が大切に保管していたらしく、「これが本物なら国宝ものだ」と自慢していた。

さて、粟津の生家は京都市左京《さきょう》区の、東山《ひがしやま》二条と河原《かわら》町《まち》二条の中間あたりにあった。粟津は、地元の新洞《しんとう》尋常小学校に入学するが、その五年生時に初めて柔道と出合う。足をくじいた粟津を診た人物が、柔道を勧めたのである。

「足を治してくださったのは西與七《にしよしち》という柔道家の先生でしたが、私の身体が大きいのを見て、『どうや、柔道をやってみんか』と誘われたのです。それで柔道を習い始めたのです。言ってみれば、足の捻挫《ねんざ》が私の一生を決めることになったわけで、人生とは不思議なもんです」

この言葉からも分かる通り、粟津は、朝日新聞社主催の全国健康優良児コンクール京都府代表（三人のうちの一人）に選ばれるほど丈夫な身体であった。

西のアドバイスは、まことに的を射たものであった。当の粟津も、柔道が気に入ったと見え、西が柔道顧問を務めていた京都第一商業（旧制中学。現・西京《さいきょう》高校）の柔道部員と練習に励む毎日を送っていた。

当時の京都一商は、吉澤一喜《よしざわかずき》を師範とする強豪として鳴らしていた。吉澤は柔道・剣道・合気道・居合道・銃剣道など合わせて三十六段を持つ大変な武道家であった。練習が終わると神棚の前で居合刀を抜き、月曜には前日の試合評の後、板の間に座らされて詩吟の練習を課せられた。普段は無口な粟津だが、この吉澤の薫陶によるものか、いまでも宴会などで興に乗ると詩吟をやる。ちなみに、吉澤は「部員一人ひとりの性格をよく把握したうえで指導していた」ということだから、いい指導者に巡り会えたと言えるであろう。

その一商のスローガンは三つあり、道場の壁面に見下ろすように掲げられていた。
一、明治神宮国民体育大会での優勝。これは政府主催の大会で、いまの国民体育大会と言ってよく、講道館で行われた。
二、武徳会大会での優勝。これは当時の大日本武徳会が主催した大会で、京都武徳殿で行われた。
三、四帝大大会での優勝。これは旧帝大四校（東大、京大、九大、東北大）が主催する寝技中心の中学生全国大会で、大阪で行われた。
一商の悲願は、これら三大会制覇をなし遂げることであった。粟津が同校の練習に参加した年、四帝大大会で岡山・津山《つやま》中学（現・津山高校）とともに両校優勝を果たしている。そのとき、一商が準決勝で顔を合わせた相手が熊本・鎮西《ちんぜい》中学（現・鎮西高校）で、後年、無敵を誇る木村政彦《きむらまさひこ》が所属していた。

木村がいかに強かったかは、全日本選手権を十三年間保持したという記録を持ち、十五年間無敗のままで引退したことからも容易にうかがえよう。

なにせ、無茶苦茶に強いのである。関係者が口をそろえるには、おそらく戦前・戦後を通じて最強の柔道家であったろうということだ。天理大学柔道部の監督を務め、東京オリンピックの日本柔道チームの監督にもなる松本安市《まつもとやすいち》は、木村を評してこう語る。

「講道館柔道の歴史で化物《ばけもの》のように強い選手が四人いた。木村政彦、ヘーシンク、ルスカ、そして山下泰裕《やましたやすひろ》。この中で最も強かったのは木村政彦だ。スピードと技がずば抜けている。

誰がやっても相手にならない」（増田《ますだ》俊也《としなり》著『木村政彦はなぜ力道山を殺さなかったのか』〈新潮社〉）
また、東京オリンピック重量級銀メダリストで、木村と乱取りをしたことのあるダグ・ロジャースも、同様の見解を述べている。
「いまの柔道家では木村先生に勝てません」「ヘーシンクとルスカですか。彼らでも無理ですね」（前掲書）
木村がロジャースと対戦したとき、木村はすでに四十代半ばを過ぎていた。それでもロジャースは、赤ちゃんみたいに何もさせてもらえなかったという。
確かにそれは、のちの木村の雄姿であり、京都一商が戦ったときのものではない。しかし、それでも一商のメンバーは、その木村と引き分けを演じた。したがって、一商が鎮西を破り全国制覇を果たしたのは、大変な偉業だと言わねばなるまい。
木村は後日プロレスへ転向し、力道山《りきどうざん》に敗れて後年は不遇をかこつのであるが、もし、そのまま柔道界に残っていれば、大変な貢献をしたことだろう。
さて、一商の部員に交じって練習していた粟津である。当時、小学生であったことから、幾分は手加減をされたはずだが、それでも大変な重荷であった。

そもそも、小学校生活と中学校の部活という二足のわらじを履いているのだ。いまで言う〝朝練〟にも参加した。あるときなど、全校生徒参集の朝礼で号令をかける役割だったにもかかわらず、道場の時計が遅れていたために間に合わず、校長を立ち往生させたこともある。むろん、担任からは大目玉をくらった。三尺下がって師の影踏まず、という時代である。

登校拒否ならぬ練習拒否をしたい日もあった。とりわけ、冬場の早朝の寒稽古《かんげいこ》は身に応えた。だが、そうした逆境をはね返し、粟津は一日も休まず日参した。かつて、近所の人から「酒屋のボン」と呼ばれていた少年は、いつしかたくましい若者に成長したのである。むろん、そこに至るまでには、父の温かい励ましがあった。また、柔道を勧めてくれた西や師範の吉澤、さらには共に練習した仲間の存在も大きかったに違いない。それら有形無形の支えを得て小学校の二年間を過ごし、晴れて一商に入学する。

これ以後、粟津の一商での活躍が始まる。

柔道《やわら》の道

粟津の公式戦は一商入学時から始まった。なにせ、全国制覇をした部員たちである。代表選手ともなると全員強豪ぞろいである。当たり前のように、どの大会でも優秀な成績を収め、粟津も一年時から嵯峨《さが》にある小楠公《しょうなん》（楠正行《くすのきまさつら》）首塚での追善大会に出場し、二年時にも同大会の連覇を果たした。

また、同年の明治神宮大会や四帝大大会には補欠ながら出場し、ともに優勝。

三年時からは、晴れて正選手となり、武徳会大会の決勝戦では破れたものの、六勝一敗一引き分けの好成績で準優勝。

明治神宮大会では、それまでの各校対抗の形式が都道府県対抗となり、粟津は京都府代表（五人一組）に選ばれて優勝。

翌年の同大会でも、同じく京都府代表選手（このときは三人一組）となり、大会連覇を果たしている。そのメンバーには、後年、全日本選手権者になる平野時男《ひらのときお》もおり、粟津ともども優勝の原動力になっている。

この間の練習は、多忙な吉澤に代わって西が主に担当しており、春夏秋の合宿や冬の寒稽古合宿には部員と共に寝泊まりをしていた。粟津は我が子のように可愛《かわい》がられたと述懐している。

それでも練習だけは厳しかった。この間の粟津らは「勝って殴られ、負けて殴られ」の状態が常であった。とりわけ負けたときは、問答無用の鉄拳が飛んできた。しかし、勝ってもまた殴られる。なぜ殴られるのか分からないことも、たびたびあった。そういう時代だったのである。

だから道場に一歩入ると、張りつめた緊張と熱気で異様な雰囲気に包まれた。その練習に耐え抜いての勝利である。感激もひとしおであったに違いない。

全校の期待も当然、大きかった。成績は翌朝、校門の出入り口に張り出され、優勝旗が飾られた。また、東京での試合を終えて、京都へ凱旋《がいせん》する折などは、大勢の級友が駅前に

明治神宮国民体育大会優勝の賞状などを前に（18歳のころ・実家にて）

駆けつけて大騒ぎになった。

　粟津たち選手は嬉《うれ》しかったであろう。誇らしくもあったであろう。その感動は、遠征先の東京で皆と散策したときの喜びや、幼いころから憧れていた特急「燕《つばめ》」や特急「櫻《さくら》」に乗った記憶とも相まって、いままでも懐かしい思い出となっている。

　粟津の得意技は「右大外刈り」。寝技も熱心に取り組んだ甲斐《かい》あって上達し、立っても寝ても対応できるいっぱしの選手になっていた。これは、口で言えば簡単だが、実際は大変なことである。

　筆者は、柔道については全くの素人だが、一般に柔道をやる場合、どちらかに傾斜するといわれる。立ち技得意か寝技得意か、である。だから、両方バランス良くできるというのは、非常に稀《まれ》なことだ。のちに粟津は、全日本選手権に出場する名選手になってゆくが、そこには中学校で培った基礎的鍛錬があったのだ。

こうした実績が認められたのであろう、卒業時には一校一名の京都府体育賞が設けられ、一商からは粟津が受賞している。

ちなみに粟津は一商時代、偶然ではあるが、中山正善《なかやましょうぜん》・天理教二代真柱《しんばしら》（真柱とは天理教の統理者のこと）と出会っている。粟津はいまなお、二代真柱のことを「今日の私があるのは、二代真柱様のおかげです」と言って憚《はばか》らない。粟津の人生に大きな影響を与えた人である。その粟津と真柱との関係は、のちにゆっくり語るとして、このときの出会いは、ほんの一瞬であった。

それは当時、四月に行われていた天理柔道順正館《じゅんせいかん》（現・天理順正館）の柔道大会でのこと。天理柔道順正館とは、昭和十四年に天理柔道会によって設立された町道場である。この大会は春先に行われるというので、新チームの実力や陣容をうかがう好機であった。地元・天理中学（現・天理高校）はむろんのこと、京阪神の有力校が参加するのが常であった。そこへ、京都一商も出場していた。

二代真柱は自身、学生時代から柔道をたしなみ、また周囲にも勧めた。今日、天理高校や天理大学は柔道の強豪校としてその名を馳《は》せており、幾多の名選手が輩出しているが、それは二代真柱の力による。二代真柱こそ「天理柔道の父」と言っても差し支えない。

さて、粟津によると、「自分の試合で審判をしていたのが真柱様であった」ということである。むろん当の粟津少年が、そのことを知る由《よし》もない。たとえ聞いていたとしても、中学生の粟津には、真柱と呼ばれる人がどのような立場なのか、十分に分からなかったはずである。ただ、その日付き添った指導者たちが「真柱が審判をされていた」と噂《うわさ》していたのを漠然と聞いただけである。そもそも粟津は代表選手だ。目の前の相手を倒し、勝ち上がることだけに意識を集中していた。

粟津によると、当時の関西の中学柔道界は、京都一商、第一神港《しんこう》（現・神戸市立神港高校）、天理中学の三校が互いに覇《は》を競い合っており、粟津もしばしば天理中学と対戦していた。当時の天理中学には、のちに天理高校柔道部監督になる高橋茂雄《たかはししげお》や、天理柔道会顧問となる安田三郎《やすださぶろう》などがおり、とりわけ寝技を武器とする、しぶとい柔道を得意としていた。

一商と天中は良きライバル関係にあったのだ。

そのとき獲得した梅花のメダルが、粟津の手元に残っている。記憶がいま一つ定かでないが、一度この大会で優勝したときのものらしい。

粟津の二代真柱との出会いは、このような形で始まった。


さて粟津は、卒業後の進路として神戸高等商業学校への進学を希望していた。神戸大学の前身である。だが、柔道に専心していたこともあり、受験に失敗し、しばし不遇の時代を過ごす。

しかし世の中、何が幸いするか分からない。受験に失敗したせいで、学徒出陣から逃れた粟津は、その後一年半の兵役を終えて復員する。

その間の様子を、粟津は次のように語っている。

「高商をすべったことが、かえって良かったんですな。進学した者の中には学徒出陣で駆り出され、死んだ者もかなりいます。特攻隊に参加した者も、やはりいます。私の場合は京都・伏見《ふしみ》の連隊に入り、そこで過ごしたわけですが、そのとき中支（中国大陸の中部地方）で兄の戦友だった人物が偶然、連隊に戻ってきました。その人の計らいで、外地へ行かなくて済んだんです。人間、何が幸いするか本当に分からんもんです」

このことからも分かる通り、粟津は内地勤務で実戦には参加していない。むろん、兵役が面白かろうはずもなく、とりわけ敗色濃厚になるに従い、将来への不安は増大したと思われるが、結果的には終戦までの一年余りを無難に過ごすことになる。

そのためであろう、粟津の戦中体験は強い印象を伴わない。確かに、終戦時の玉音放送を聞いたとき、「心が沈んでならなかった」と漏らしているが、それ以上の感慨は出てこない。

それよりも終戦直後、隣にあった学校の拡張工事のため、家も貸家も全部取られてしまったことを鮮明に記憶している。また、兄が継いだ家業の酒屋も、戦中の物資統制のあおりを受けて廃業を余儀なくされ、戦後に店を閉じたことも、強い印象として残っている。

だが、それでも粟津の場合は、恵まれていたと言えよう。

京都は爆撃を免れて焼け野原にならずに済み、身内に戦没者はなく、戦後も兄は島津《しまづ》製作所、粟津は簡易保険局に職を得ている。そんな中で再び柔道を始める環境が、徐々に整ってゆく。

それは、京都・深草《ふかくさ》に駐留していた米軍の慰安から始まった。週に一度、進駐軍の兵士の前で柔道の形《かた》を披露するのだ。

粟津にとり、形の披露程度では何の感慨もなかったはずだが、ありがたかったのは、その見返りにココアや白い食パンで歓待され、土産《みやげ》にタバコまで付けてくれたことであった。当時の劣悪な食糧事情を考えれば、何にもまさる厚遇だった。

そして昭和二十三年。この年、講道館で嘉納治五郎《かのうじごろう》師範没後十周年記念の全国大会が催された。のちの全日本柔道選手権である。

粟津は、この大会に京都府代表として推薦され出場、準々決勝まで勝ち進む。これが粟津の名を全国に知らしめる契機となった。なお、そのとき優勝したのは、のちに天理大学柔道部監督となる松本安市である。

前年の戦績が評価されたのであろう、翌年、出場選手十六人の中に選ばれ、再び関西代表として出場する。粟津が渡仏を勧められるのは、その直後のことである。

ところで、フランス柔道の歴史は、一九三三年にさかのぼる。この年、柔道の創始者・嘉納治五郎がパリ郊外にあるジョアンビルの体育学校で柔道の説明をしたのが始まりである。そのとき参加したフランス人たちにより、当地にも柔道の芽が少しずつ吹き始めた。

その二年後、一九三五年に、川石酒造之助《かわいしみきのすけ》という柔道家がロンドンからパリに来て、道場を開いて腰を据えた指導を始める。いまでもフランスの道場には、川石の写真が飾られているところがある。粟津をフランス柔道の〝育ての親〟とするなら、この川石は〝生みの親〟と言ってもいいだろう。

粟津が渡仏する一九五〇年ごろ、フランスはちょうど柔道の勃興《ぼっこう》期に当たっていた。川石はその波に乗り、柔道の普及に乗り出そうとしていた。そのため共に指導する若い柔道家を求めており、粟津はそれにスカウトされたのである。

ただ、両者は面識がなかったことから、初めから粟津が指名されたわけではない。川石は、母校である姫路《ひめじ》中学（現・姫路西高校）の先輩・栗原民雄《くりはらたみお》に人選を依頼していた。栗原は京都の武専（大日本武徳会武道専門学校。昭和二十二年まで京都市左京区にあった柔道、剣道などの指導者を養成する専門学校。大日本武徳会が運営していたが、戦後GHQの命令により解散）で指導していたこともあり、多くの弟子を持っていた。その一人に白羽の矢を立てていたのだが、その弟子が急に渡仏を断ってきたのである。

そこで、お鉢が回ってきたのが栗津であった。川石夫人の妹が栗津と同じ職場にいたことから、川石の知るところとなり、アプローチしてきたというわけだ。

こうなると、栗津さえウンと言えば、トントン拍子で話は進む。栗原も栗津と同じ京都出身ということで推薦してくれ、フランス行きが決定した。

ところが、フランス入国のビザは下りたものの、パスポートがなかなか手に入らない。当時の日本はGHQの管轄下で、すべてにわたって厳しい規制が敷かれていた。

待機中、栗津は合気道の創始者・植芝盛平《うえしばもりへい》の知遇を得、その講習会に参加することになった。

「後年、フランスでは柔道から合気道へ転向する人が多く、そういう意味でも、私自身の柔道指導にとって良い経験になりました」と述懐している。

植芝は大本教《おおもときょう》(現・大本)の熱心な信者であったことから、栗津も大本教の本部に連れていかれ、出口王仁三郎《でぐちおにさぶろう》の妻・スミに会い、

外国に良き種まきて帰れかし　神の恵《めぐみ》を夢な忘れそ

という歌をもらった。

「私は物心つくころに母を亡くしましたので、神仏に祈る気持ちは人一倍強かったこともあり、喜んで頂戴《ちょうだい》しました。思えば、二代真柱様に始まり、三代真柱様、現真柱様、天理教の方々とはずっとご縁がありますが、これも亡き母の御霊《みたま》のおかげかもしれません」と語っている。そういえば、栗津の誕生日である四月十八日は、天理教の教祖・中山みきの生誕の日でもある。そのことについても栗津自身、不思議な縁《えにし》を感じている。

さて、ようやくパスポートを入手し、栗津は未知の国に思いを馳せつつ、日本を発《た》つことになる。期間は一年。わずか一年で帰ってくるのだから、むろん新妻の民枝《たみえ》は日本に残し、単身の渡航であった。

フランス上陸

栗津が日本を出発したのは、一九五〇年六月七日のことであった。

出港地は神戸港。フランスのマルセイユまで約一カ月の航海である。同じ船には、後年、小説家として大成する遠藤周作《えんどうしゅうさく》も乗っていた。

この一九五〇年と言えば、朝鮮戦争が始まった年である。

栗津の出港はその直前であったため、不穏な政治情勢を懸念してヨーロッパへ引き揚げる外国人が多かった。そのためか、まともな船室は空いておらず、隅に追いやられる格好で四等船室に押し込められた。

栗津によると、そこは倉庫にも似た場所で、ハンモックをぶら下げてあるだけの部屋だったという。

神戸港出帆直前、新妻の民枝と

ところが、ここで一等デッキのサービスマンがマルセイユ在住の柔道家の父親であったことから、いきなり待遇が良くなった。彼が何かと便宜《べんぎ》を図ってくれ、昼間は一等船室で過ごすことができた。あらかじめ、粟津の乗船が連絡されていたらしい。粟津は早くも、フランス柔道界の人脈に助けられたことになる。

そんな折の六月二十五日、北朝鮮軍は三十八度線を越え、雪崩《なだれ》を打って南下した。虚をつかれた米韓両軍は後退に後退を重ねるが、米軍の仁川《インチョン》上陸で盛り返し、その後の中国人民解放軍の介入も相まって、両軍入り乱れる形で戦い続ける。

一方、当時のフランスは、ベトナム独立を掲げるベトミンとインドシナ戦争を戦っており、その余波で粟津の船も、サイゴン（現・ホーチミン）に入る手前ですべての窓が閉じられた。

粟津の海外渡航は、激動する世界のただ中で進行していたのである。

だが、粟津の思いはそこにはない。これから赴くマルセイユへと心は飛んでいた。

当地では、粟津の到着を待つ形で柔道大会が開かれることになっていた。そのためコンディションを整えておく必要があり、連日デッキを駆け回り、ともすれば鈍る身体を鍛えていた。

そのマルセイユに着いたのが七月五日。

そこで川石酒造之助、ポール・ボネモリ（フランス柔道連盟会長）夫妻、アンドリベ有段者会会長、さらには地元マルセイユの柔道家や、リヨンから来た柔道家らが駆けつけ、粟津のフランス入りを歓迎した。

まあ、ここまでは、よくある出迎えの光景だ。普通なら、その後は疲れを癒《い》やすため、しばしの休養が用意される。

ところが、休む間もなく二日後には大会が開かれ、メーン・イベンターとして「十人掛け」を受け持つことになっていた。

会場はマルセイユの体育館。見れば、大変な盛況だ。

当時は日本人柔道家を見る機会など、ほとんどなかった。そのため、どのような人物がどのような技を繰り出して闘うのか、ワクワクしながら見に来たのだろう。また、それを柔道界も上手に利用し、体《てい》のいい客引きをやっていた。そのため柔道大会は、ある種の興行と化していた。

のちに粟津は、パリ市内の体育館パレ・デ・スポール（現在もパリに同名の体育館があるが、それとは別）で開かれた柔道大会に出場した。まさしく、粟津をお披露目する大会だった。

プログラムでは、定番の「形《かた》の披露」、「試合」、「粟津の十人掛け」が組まれていたが、その中に「柔道活劇」という不思議な演目が交じっていた。

内容は、酒場でヤクザ風の男と客の喧嘩《けんか》が始まり、そこへ颯爽《さっそう》と現れた柔道家が喧嘩を

パリでのデモンストレーション「10人掛け」に臨む（27歳）

収めるという筋書きである。他愛《たわい》ないと言えば他愛ないストーリーだが、これが非常に受けた。いや、これがなければ収まりがつかなかったかもしれない。

パリでのこの大会には、地元在住の日本人、たまたま当地に滞在中の文筆家・阿部《あべ》知二《ともじ》や日本人旅行者などが来ていたが、フランス人に向けてもマスコミが大々的に報道していた。そのため粟津は一躍有名になり、郵便局ではサインをねだられ、通っていた語学学校では教師がそれを面白がり、「ショーゾー、ショーゾー」と呼んでは授業中に当ててきた。これには大いに困ったということだが、それもこれも柔道の試合が多分に興行的要素を伴っていたことによる。

さて、フランス上陸直後の粟津には、そうした事情は分からない。初めての試合に戸惑いを覚えていた。そもそも長い船旅で、十分な体調ではない。加えて、未知の土地で大勢の観衆の見ている前だ。ここで醜態をさらしては、日本柔道の面子《メンツ》にかかわる。

あれやこれや、心配の種はつきなかったが、そこは経験豊富な粟津である。ひとたび畳に上がれば、次第に実力を発揮し始めた。飛びかかってくる相手を次々となぎ倒し、十一人目までは退けた。

だが、十二人目。ついに粟津は敗れる。

むろん、十二人目ともなれば疲れはある。ひと口に「十人掛け」と軽く言うが、これは大変な負担である。息が上がり、体力の消耗は避けがたい。その中で闘うのである。よほどの実力差がない限り、勝ち抜くことは難しい。おまけに、フランス上陸から二日後で、心身ともに疲労している。案の定、見事に投げられる羽目となった。

だが粟津には、疲労だけが敗因と思えなかった。

十二人目に出てきた選手は、それなりに強かった。聞けば、その年の全仏選手権三位の実力者という。とりわけ足技には切れがあった。粟津に掛けてきた「膝車《ひざぐるま》」も、かなりの威力があった。

「なるほど！」と納得した。

「長い航海の直後であり、十二人目に負けたのだからと、皆、同情してくれました。しかし私には、フランス柔道をなめてはいけないという、いい教訓になりました」

粟津にとって敗戦も薬になったのだ。

ちなみに十人掛けは、これを機にフランスに定着してゆく。

練習開始

粟津が居を構えたのは、パリ十九区にある川石の一軒家である。その一室を与えられ、十三区にある彼の道場へ連日通ってゆく。道場は「ジュウドウクラブ・ド・フランス」と呼ばれ、老人会館（近所の老人たちが集まって一緒に食事をしたり、歓談したりする一種の社交クラブ）の中にあり、八〇平方メートルほどの広さがあった。また、フランス柔道連盟も同会館に入っており、女性一人が事務員として働いていた。

現在、柔道連盟が入っているビルは、パリ環状高速道路の脇にそびえ立つ。ビル内には大小二つの道場があり、宿泊所も備わっていることを考えれば、隔世の感がある。

当時のパリには道場がぽつぽつと出来始め、柔道教師という職業が成り立ちつつあった。それだけに、道場を建てるときは、互いに最低三キロは離さなければならなかった。共倒れを防ぐ措置である。柔道が盛んになってゆくさまがよく分かる。

練習は、月・木の週二回が原則で、午後五時から八時までが一般人向け、火・金は十一時から特別レッスンが組まれていた。特別レッスンは平日の午前にあるので、主に会社の社長や医師など、時間に自由な者が参加していた。また、水・土は有段者の練習で、二時半から四時までの一時間半が当てられた。さらには、国際大会などの特別なイベントが予定されると、有段者グループへの特別レッスンが行われた。

粟津は、ここに通う約百人の受講生に教えていた。

当地の練習は、日本のそれとはかなり趣を異にしていた。「川石メソッド」と名づけられたその練習方法は、まず各種の技が足技・腰技・手技・捨て身技に分類され、その一つ一つに固有の名称ではなくナンバーが振ってあった。足技一、二、腰技一、二という具合に、である。外国人が記憶しやすいようにとの配慮からである。また帯の色も、白・黄・橙《だいだい》・緑・青・茶と、練習期間の長短で分けられるようになっていた。

日本では通常、有段者は何段であろうと練習や試合には黒帯を締める。しかしフランスでは、段位が高いのを誇るように、練習でも段の色の帯をする。粟津は六段なので、紅白

川石酒造之助（左）と粟津正蔵

の帯で指導していた。

当初は、いかにも恥ずかしかった。それまでは、むろん黒帯しか締めたことがない。それがいきなり紅白になったということで、違和感があった。

初段以下でも、練習期間の長さに応じて帯の色を変えるこの川石メソッドは、当初、講道館には受け入れられなかった。が、川石はそれをものともしない。あくまで自分の信じるところを突き進む。

フランスにやって来る前、彼はイギリスで教えていた。ところがイギリス柔道界は、講道館の伝統を踏襲し、川石流は拒否された。

もともと川石は自由人だ。性格的にも大らかで、世界を股にかけただけあって、自分の思ったことを即実行に移すタイプだった。だから、講道館の意向とは別に活動していたのであるが、伝統を重んずるイギリスでは、それはできなかったのであろう。

そこへ行くと、フランスは川石の性《しょう》に合った。フランス柔道界は川石メソッドを良しとして、全面的に受け入れる。「これは合理的な形式だ。何よりも、自分の立ち位置がよく分かり、励みにもなる」と。

事実、フランス柔道界は現在もこれを続け、子供たちもそれぞれ練習期間に応じた色の帯をつける。有段者も、段位に合わせて帯を締める。彼らは少しでも上の色を、最終的には真紅の色を目標に励むことになる。

川石がもう一つ、定期的に行っていたことがある。毎年、地方で行っていた講習会だ。その時期は、パリの道場が休館となるバカンスに合わせてあった。内容は、形《かた》と川石メソッドの講習、それに試合。ただし試合は形式だけで、強さはあまり要求されない。

この講習会は常に盛況を博した。栗津が初めて参加したときも、約三百人もの受講者で溢《あふ》れかえっていた。日本では信じられない数である。

なぜ、これほど盛況であったかというと、これに参加して段を取れば、道場を経営する資格が得られたからだ。ここでは、よほどのことがない限り、皆、黒帯が取れた。そうであれば、少し意欲のある者なら喜び勇んで参加する。

栗津もむろん、講習会に出向いている。初めての参加は、南仏のビアリッツで行われた。パリから八百キロの道のりである。栗津らはポワティエで一泊し、翌日、ビアリッツに到着した。講習会にはフランス各地から多くの柔道家が参集していた。のちには、かのアントン・へーシンクも同講習会（このときは南仏のボーバロンで開催）に参加している。朗らかで気のいい男だったという。

さて、講習会の話が出たところで、初期フランスの柔道事情を語ってみたい。

まず、日本と違うところは、柔道が広まったのが知識人をはじめとする上流階級の人々だったことである。栗津も、個人教授で教えた生徒は、医師や弁護士、会社の社長などが主であった。しかも彼らは、柔道を長く続け、生涯やる者もいた。

なぜ、そうなのか。理由は諸説あるようだが、その一つに、フランスのインテリが柔道を通じて日本文化を知りたがったという事情がある。それにはいくつかの傍証があり、柔道より少し後に広まった日本仏教、とりわけ、禅がインテリたちを魅了した事実がある。弟子《でし》丸泰仙《まるたいせん》に代表される日本禅は、文化現象といわれるまでにフランス思想界を席巻し、話題の中心になっていた。Zen はいまや普通のフランス語になっている。そのスポーツ版が柔道だというわけだ。

したがって、文化現象たる柔道は、そのデモンストレーションが珍重され、豪華ホテルで行われることもあった。そこへ、ネクタイを締めた観客が訪れるのだ。

ここまで来ると、さすがに驚く。先に挙げた柔道の興行化とも相まって、日本では考えられない現象だ。粟津がスターになったのも分かろうというものである。

こうなれば、柔道もインテリのものだけに留《とど》まらない。大衆がそれに続き、いまでは連盟に登録している選手だけで約六十万人、子供も含めれば優に百万人を超えるといわれるほど、柔道はフランス社会に定着している。

第二章

フランスでの指導

妻の来仏

栗津がフランスに来て一年が経《た》った。

本来なら、これで契約は終わりである。ところが当地の柔道熱は、さらに高まっていた。フランスだけに留《とど》まらず、国外からの誘いもある。その状況を知ってか、視察のために日本から柔道関係者が来訪するようになる。

栗津が渡仏した翌年（一九五一年）、嘉納履正《かのうりせい》・講道館館長一行がヨーロッパの視察に訪れた。その一行には、栗津の渡仏を仲介した栗原民雄《くりはらたみお》も入っていた。栗原は、嘉納が発った後もパリに残り、栗津と共に指導した。余暇には将棋にも興じ、旧交を温めた。

また、川石、栗原、それに合気道の指導に来ていた望月稔《もちづきみのる》と同行し、一九五二年三月にはマグレブ諸国（モロッコ・アルジェリア）へ普及に出かけた。栗津は「当地の柔道レベルはかなり低く、フランス人柔道教師も仕事の傍ら教えている状態で、もっと本格的に鍛えなければならない」と思ったが、それでもアフリカにまで柔道が広まっていることに、ある種の感慨を覚えた。その後、粟津はマダガスカルへも普及に訪れている。

粟津の身辺はますます多忙となり、日本への帰国を申し出る雰囲気ではなくなった。

このころ、一つの問題が起きた。フランスでの柔道普及に講道館が乗り出してきたのである。発端は、南仏の町ツールーズの道場が、講道館から正式な柔道教師として安部一郎《あべいちろう》（現・講道館参与）を招いたことに始まる。講道館もこれを機に積極的に安部を支援し、また川石式に不満を持つ有段者がツールーズを訪れるという事態になってゆく。

ここに、従来の川石派と新たに参入した講道館派が並立することになる。しかも、両者の争いは次第に大きくなっていった。

困ったのが粟津である。二派の間に挟まれて、その立場が微妙になった。粟津は、この争いには極力関与しない立場を貫く。

「私は道場外の紛糾にタッチせず、もっぱら指導に励みました。あらゆる柔道家と接しつつ、極力、排他的・政治的動きを慎みました。このような態度が、今日まで長期にわたってフランス柔道界で活動できた一因だと思います」

一方、彼はもう一つの問題を抱えていた。フランスに残るか、帰国するかの選択である。渡仏して二年が経ち、どちらの道を選ぶのか決めなければならない時期に差し掛かっていたのだ。思案した揚げ句、粟津は残ることにした。

「（当時の）フランス柔道界を眺めると、私でも柔道の普及に協力できることが分かりました。私には、この国でまだまだするべきことがあると思い、結局、滞在期間を延長することに決めました」

こうなると、まず考えなければならないのが、日本で待つ妻・民枝のことだ。

民枝は、粟津が一年で帰ってくると思っていたが、それが二年経っても帰ってこないことに寂しさを感じていた。新婚で離れて暮らしていたのだから、当然だろう。

当時は電子メールなどない時代である。二人のやりとりは、もっぱら手紙であった。着くまでに、優に一カ月はかかった。

そのころ、京都市警の次長を務め、のちに松下電器の重役となる小川鍛《おがわたん》という人物がいた。粟津が京都市警で少し柔道指導をした関係から、民枝も知り合いになった。その小川の紹介で、林正治《はやしまさじ》という人物が民枝のもとを訪ねてきた。彼は、民枝に「声の郵便」を届けてはどうかと勧めた。つまり、テープレコーダーに声を吹き込んで、それをパリにいる夫に送ってはどうかというのである。当時としては、画期的なアイデアだった。民枝は、林が持参してきたテープレコーダー（当時は高価なもので、誰でも持っているわけではなかった）を前にして「アロハ・オエ」を歌い、メッセージを入れた。粟津はハワイにいるわけではない。なぜアロハ・オエを歌ったのか、民枝自身もよく分からないと笑う。ちなみに、この林なる人物はアイデアマンとして知られ、現在のお年玉つき年賀はがきを考案した人である。

さて、粟津がフランスに残留するとなると、民枝を呼び寄せる必要が生じてくる。粟津は意を決して、民枝に渡仏を促した。船の予約も粟津が済ませた。

連絡を受けた民枝は戸惑った。粟津は一年、せいぜい二年で帰国すると思い込んでいたからだ。だが、船の予約までして呼び寄せようとしているのであれば、もはや行くしかな

渡仏が決まったころの民枝

い。

　それならばと、付け焼き刃ではあるが、京都日仏学館に入学してフランス語を学びながら渡仏に備えた。そこで出会った教師がジャンピエール・オシュコルヌ、後年、天理大学で教鞭《きょうべん》を執ることになる語学教師だった。

　が、その程度では、内心の動揺は抑えられない。渡仏の日が近づくにつれ、緊張は日増しに高まる。

「とにかく、京都から外へ出たのは宝塚《たからづか》の観劇くらいでしたから、フランスがどれほど遠いのか想像もつきません。これほど心細かったことはありませんでした。出発のとき、親戚《しんせき》や友人が大勢見送りに来てくれました。甲板から見下ろして見送りの人たちに手を振るのですが、父と母の姿はありませんでした。あまりに悲しいので、見送りには来なかったのです。『蛍の光』が流れ、いよいよ船が動きだしますと、涙が出て止まりませんでした」

いまでこそ片道十二時間のフライトで着くフランスも、当時は最果ての地に思われていた。とりわけ、女の一人旅である。両親が今生の別れのように思ったのも無理はない。唯一の支えは、渡仏した暁《あかつき》に叶《かな》うはずの夫との再会である。民枝のカバンには、粟津から来た手紙の束がぎっしりと詰まっていた。

そんな思いも、ボーと低く鳴る船の汽笛を聞くと、もういけない。寂しさが込み上げて、尋常の精神ではいられなくなる。岸から投げられる無数のテープは、惜別の念と重なり合って涙を誘った。

出航後しばらくは、泣けて泣けてしかたがなかった。

民枝の乗った船は、粟津が渡仏したときと同じラ・マルセイユ号であった。同乗した日本人は民枝を入れて四人。画家の野見山暁治《のみやまぎょうじ》(のちの東京芸術大学教授。文化勲章受章者)と岡本半三《おかもとはんぞう》、それにカトリックのシスターだった。その野見山が、民枝のふさいでいる姿を見るに見兼ねて慰めてくれた。

「出航後もずっと泣いていたのですが、野見山さんが『泣いてばかりいないで、楽しみましょうよ』と言ってくださり、ずいぶん慰められました。ただ、食事は毎晩正装、しかも慣れないナイフとフォークを使わなければならず、脂っこいものが多くて難儀しました」

ここで、さらに民枝を助ける者が現れた。ピアニストのアルフレッド・コルトーである。彼の息子が川石道場へ通っており、粟津にも指導を受けたことがあったのだ。そのため何かと民枝に声をかけ、面倒を見てくれた。

さらに、カトリック神父であるジュノワイエが、日本人四人のために少しでも役に立てればと、船内でフランス語教室を開いてくれた。ジュノワイエは大変な親日家で、一九七一年に天理日仏文化協会が設立されるや、ただちに同協会の会員となり、日本語を学ぶことになる。

民枝はこうした周りの支えによって、無事マルセイユに到着した。一九五三年一月のことである。

パリでの暮らし

栗津は一週間の休暇を取り、出迎えのためにマルセイユで待っていた。やがて民枝を乗せたラ・マルセイユ号は、激しい波しぶきを上げながら、億劫《おっくう》そうにその巨体を岸壁に横づけした。栗津は同行した十数人の柔道家たちと、妻を迎えに甲板へ上がった。

民枝は、二年半ぶりの夫との再会に備えて、到着の直前に着物に着替えていた。乗船してきた栗津を見る。刹那《せつな》、何も言えず、ただ下を向いて泣いた。一方の栗津も、言葉が出ない。直立不動のままである。二人の間を流れる空気が固まっているようで、もどかしい。栗津も民枝も、我《われ》ながら実にぎこちない対面だと心は焦っているが、何を言っていいか分からない。つらい数秒であった。やがて栗津は、そのまま踵《きびす》を返し、その後に民枝が従った。

拍子抜けしたのが、粟津と共にやって来たフランスの柔道家たちである。フランス人の常識だと、ここで夫婦は、はっしと抱き合うはずであった。

だが、目にしている光景は、それとは似ても似つかぬものだった。

抱き合いもせず、ひと言の言葉を交わすこともなく、夫が先に歩きだし、妻が後を追うように続く。二年半も会わなかった新婚の夫婦が、である。

彼らの頭では、全く理解できなかったに違いない。

だが、この世代の日本人は、こういうものだろう。とりわけ粟津夫婦は、典型的な日本男児と大和《やまと》撫子《なでしこ》の組み合わせである。フランス流で事が運ぶわけがない。

そこのところを民枝は、笑いながらこう話している。

「どうも粟津夫婦は、うまく行っていないと思われたようですね。いまの若い人ならともかく、私たちの世代の日本人は、いくら夫婦でも人前で抱き合うなんてことはできませんからね」

二人はその後、せっかくのこの機会を利用して、マルセイユからカンヌ、ニース、モナコと続く地中海岸を周遊する旅に出た。二年半遅れの新婚旅行であった。

パリに戻った二人を待っていたのは、現実の世界である。

まずは夫婦の住まいだが、とりあえず、そのまま川石家の一室を借りて住むことになった。しかし、いつまでも居候を決め込むわけにもいかないので、アパートが見つかるまでということで、十三区のイタリー広場近くのホテルへ移った。

ここで困るのは炊事である。ホテルでは煮炊きができない。仕方なく、道場の管理人の家で炊事をさせてもらい、それをホテルに持ち帰った。

道場からホテルまでは約一キロ。民枝は一方の手にご飯、他方におかずを入れた袋を提げ、道場とホテルを行き来する。間の悪いことに、季節は真冬。パリは氷点下の寒さである。しかも民枝は、そのころすでに妊娠していた。

「日本の人たちは、パリにいると聞けば、毎日オペラでも観《み》に行っているように思われていたようですが、とんでもない。お腹《なか》の子供を気づかいながら、両手に晩ご飯を持って、寒い中を泣きながら歩きました」

柔道着の洗濯は、ホテルの部屋の小さな手洗いで済ませた。

これがパリで待ちかまえていた現実である。そんな生活が、およそ三カ月続いた。

その後、日本人画家が以前住んでいたアパートに入居する。わずか一部屋だった。しかも、そこは不便な場所にあり、栗津はモビレット（原動機付き自転車）を購入して道場へ通った。

一九五三年十月、民枝はパリ十四区にあるコシャン病院で長男を出産した。名前を「浩《こう》三《ぞう》」とした。生まれたばかりの赤ん坊は、夜中でもおかまいなしに泣く。そのたびに隣人が壁を叩《たた》くので、神経をすり減らす毎日を過ごさなければならなかった。そこには約三年いた。

栗津夫妻は新たな移住先を探していたが、幸い、弟子の一人がパリ郊外に格好の物件を見つけてくれ、そこへ引っ越すことになる。それが、フォントネイ・オ・ローズ市にある現在の住居だ。

ただ、ここでも理想の暮らしにほど遠かった。いまでこそ一軒丸ごと栗津の住まいだが、当時は三階建ての各階と屋根裏にも別々の家族が住んでおり、いわばアパートのようになっていた。しかも栗津の家には風呂がなかった。そのため、三歳になる幼児を連れて、パリ市内の公衆浴場へ通った。公衆浴場といっても、日本のそれとは違い、一部屋ずつ区切

ようやく落ち着いたわが家で。民枝、浩三とともに

られていて、そこに浴槽が置かれている簡素なものだった。区切りの板は、下のほうが大きく開いていて、身を屈《かが》めれば隣が見えた。しかも、使えるお湯は洗面器に一杯ずつと決まっていた。

そこで今度は、さらに遠いモンパルナス地区にあった公衆浴場へ通うこととなり、二日に一度、約七キロの道を車で走り風呂に入った。

住まいのほうは、十時以降は静粛にすることになっていたため、パーティーを開くとなると、どうしても迷惑をかける。実際、友人を招いて話していると、階上の住人からドンドンと床を叩いて抗議されたこともあった。「もう遅い。いま何時だと思っている。静かにしろ！」というわけだ。

華のパリも、ひと皮剥《む》けば、このようなものであった。


パリにいた粟津のもとには、さまざまな人が来た。多くは柔道関係者だが、中には分野の異なる者もおり、その一人に天理教飾東《しきとう》大教会の後継者・紺谷久則《こんたにひさのり》もいた。紺谷がフランスに来たのは一九五四年。天理教初のフランス留学生である。

粟津が紺谷と会ったのは、紺谷が川石と同郷（姫路）であったため柔道を習い始めたからである。この出会いが粟津と天理を結びつけた。これが縁で、のちにフランス・ナショナルチームは、天理で合宿するたびに飾東大教会信者詰所を宿舎に使うことになる。

一方、フランス柔道界へ目を移してみると、柔道人口が増え、連盟が大きくなるとともに、さまざまな問題が出てきた。川石も徐々に連盟から身を遠ざけるようになってきた。粟津にとって最も不得手な問題が、柔道界の上層部に生じていることを感じ、日々の言動にも注意を払うようになった。このころから、粟津と川石の交流は自然と減っていき、粟津はフランス柔道連盟の指導者としての道を歩むことになる。

紺谷来仏の前年、五三年には、ボルドーの柔道クラブが、指導者として日本から道上伯《みちがみはく》を招聘《しょうへい》する。

ところで、このころ粟津は映画に出演している。後にも先にも、生涯に一度の経験である。一九五六年に封切られた『この神聖なお転婆娘《てんば》』という映画で、ブリジット・バルドーが主演したものである。それに、日本人観光客の役で二つの場面に出た。当時はパリ在住の日本人が少なかったので、駆り出されたようだ。

六一年には、フランスで第三回世界柔道選手権が開かれるが、初めて外国で行われた世界選手権ということもあり、日本から粟津の恩師の一人でもある吉澤一喜《よしざわかずき》が、京都パリ友好都市記念親善使節として、京都市長からパリ市へ贈呈する兜《かぶと》を託されて来仏した。

その際、粟津は、吉澤を風呂に案内した。当時、吉澤は衛生委員を務めていたこともあって、浴槽の中で洗う西洋式の風呂を不潔に感じたようだ。日本の風呂と同じように、浴槽の外で洗面器を使って何度も湯を浴びる。当然、湯は仕切りの戸から表に溢《あふ》れ出て、大騒ぎとなった。民枝は「『せんせー、せんせー、お湯を掛けないでください』と、外から大声でお願いしたものです」と懐かしそうに振り返る。

日本柔道敗れる――ヘーシンクの出現

話は一九五六年に戻る。この年発表された『経済白書』は、その後しばしばマスコミなどに引用されることになる。「もはや戦後ではない」との文言により、日本が戦争の荒廃から完全に立ち直ったことを宣言した。

この年は、天理教にとっても天理柔道界にとっても記念すべき年となった。

まず前者では、天理教教会本部で教祖《おやさま》七十年祭が執行され、天理の街は帰参者で溢れ返った。宿願であった『稿本天理教教祖伝』が公刊されたのも、この年のことである。前年には、おやさとやかた（天理教教会本部神殿を取り囲む八町〈約八七二メートル〉四方に立て巡らされる建物）第一期工事が竣工《しゅんこう》し、別席場《べっせきじょう》（病だすけの手だてである、おさづけの理を戴《いただ》くために、神様のお話を聞かせていただく場所）として使われ始めた東棟が、その偉容を誇っていた。

一方、後者は、天理大学柔道部が初の全国制覇を達成した年でもあった。

これは、年祭に華を添える偉業となり、凱旋《がいせん》する選手を迎えて天理の街中が沸き返った。

「遂《つい》に待望の全日本大会優勝を果《はた》したのである。……大優勝旗が箱根《はこね》を越えたのもこれがはじめてであった。復活そして躍進。この快挙は各方面から多大の拍手を浴びた。これは後にへーシンクが絶讃した激しい、しかし合理的なトレーニング、指導陣を中心とした一《いっ》手一《てひと》つの和と、『天理柔道の歌』に謳《うた》いあげられている闘魂、そして陰に陽に、その成長のために心を配られる二代真柱《しんばしら》の尽きせぬ親心、それらが一つになってのことであろう」

(『天理柔道史』)

はるか一万キロ離れたパリにいる粟津は、もちろん、そんなことは知らない。しかし粟津にとっても、この年は生涯忘れられない年になる。

第一回世界柔道選手権大会が、東京で開催されたのである。

これにはフランスから二人の選手が出場し、ベルナール・パリゼが堂々三位に入った。ここに、フランス人初のメダリストが誕生したのである。

粟津はパリにいた。当時、テレビはあったが、まだまだ普及しておらず、たとえあっても海外でのスポーツ中継を行えるレベルではなかった。したがって、試合結果がどうなったのか、気を揉《も》みながら報告を待つしかなかった。

それが伝えられたときの栗津の喜びは、この上ないものだった。

次いで、翌々年の一九五八年。

今度はアンリ・クルチーヌが三位に入った。前々年のパリゼも今回のクルチーヌも、栗津が手塩にかけて育てた選手だった。指導者冥利《みょうり》に尽きる思いであった。

これらフランス選手の活躍を、当時テレビで解説していた吉松義彦《よしまつよしひこ》が「パリには栗津という指導者がおり、彼がフランスの選手を鍛え上げて、ここまでに育てたのだ」と評している。

吉松は、栗津が京都一商にいた折に決勝で戦った鹿児島商業学校（現・鹿児島商業高校）の大将で、のちの日本選手権保持者である。

大会後、パリゼ、クルチーヌ、そしてロベール・ダジの三人は、京都にある栗津の実家に滞在した。古い日本家屋であったが、彼らは楽しく過ごした。ただ、迎え入れた栗津の家族は、大きなフランス人が三人も来たものだから、随分気を使ったに違いない。

パリゼとクルチーヌは、その後フランス柔道界のパイオニアとして活躍し、一九九六年にはフランス人初の九段に昇段する。

のちに粟津は、彼らとのつながりを次のように語っている。

「パリゼはもう亡くなりましたが、クルチーヌとは、いまなお昇段委員会で一緒になり、会えば、五十年前の懐古談に花が咲きます。彼は体育指導者養成所長として活躍。九六年に定年退職してからは、サン・ラファエル市の助役として地域開発事業の問題を担当しており、私が夏季講習会にまいりますと、家族を招いてくれます」

そして、一九六一年の第三回世界柔道選手権。

この年初めて、大会は日本を離れパリへ移った。会場はクーベルタン体育館。当然、日本人選手団が役員とともに乗り込んできた。二代真柱も全日本柔道連盟役員として来仏している。

これを迎える粟津らは多忙を極めた。講道館から派遣された安部一郎とともに宿舎や食事、さらには歓迎レセプション等々と多岐にわたって準備万端整えなければならなかった。

第3回世界柔道選手権。柔道の“JUDO化”への幕明けを告げる記念すべき大会となった

これは実に難題で、食事一つ取っても、米がなければ力の出ない選手のために、数少ない日本料理店と掛け合って食事の手配をしなければならなかった。

このとき、フランス柔道連盟主催の歓迎レセプションが、粟津の教えるレーシング・クラブ（ヨーロッパ最古の総合スポーツ・クラブで、一八八二年に創立され、現在も水泳・ラグビー・サッカーなど十七の競技に毎年三千五百人が登録している）で催された。これには嘉納履正・講道館長も出席し、粟津にとっては長年の苦労が報われる思いであった。

しかし、この大会は、それまで不敗を誇っていた日本柔道が初めて一敗地にまみれる大会でもあった。オランダの怪物アントン・ヘーシンクが、神永昭夫《かみながあきお》以下、古賀武《こがたけし》、曽根康治《そねこうじ》の三人を、ことごとく退けて優勝したのである。

栗津が初めてヘーシンクに出会ったのは、ここから遡《さかのぼ》ること四年、一九五七年である。その夏、南仏のボーバロンで行われた講習会に、ヘーシンクはバカンスを兼ねて出席していた。そのときの印象は、身体が非常に柔らかく、巨体でありながらも走れば早く、水泳も見事な泳ぎっぷりであったという。

ヘーシンクの師匠は、ボルドーのクラブで柔道を教えていた道上伯である。彼はオランダの柔道連盟にも請われ、同国で指導に当たっていた。そのとき、ヘーシンクと出会ったのである。

道上は、京都の武道専門学校（武専）の出身であり、自身も無敵を誇った柔道家だった。と同時に、合理的な精神の持ち主で、講道館の持つ日本至上主義・権威主義・伝統主義を嫌っていた。そのため、早くから柔道の〝ＪＵＤＯ化〟を提唱し、ヨーロッパでの普及に努めていた。

その道上がヘーシンクの存在に目を留めたのである。なにせ、抜きん出た才能を持っているのだ。来るべき〝JUDOの時代〟に向けて、徹底した英才教育を施した。そして、天理大学監督の松本安市《まつもとやすいち》に「おい、松本。ヘーシンクを世界一に育ててくれ」と頼み込み、天理へ送り込んだ。ヨーロッパでは、練習相手が決定的に不足していたからである。

事実、ヘーシンクは、このころ徐々に力をつけていた。

一九五六年の第一回世界大会では、吉松義彦に簡単に投げ飛ばされていたヘーシンクだったが、五八年の第二回大会では、山舗公義《やましききみよし》に敗れはしたものの準々決勝まで駒を進めた。しかも、その敗北は僅差《きんさ》の旗判定によるものだった。関係者の中には、「あれはヘーシンクの勝ちだ」と言う者さえいた。山舗は同年の全日本選手権の準優勝選手であったことから、ヘーシンクの実力は着実に日本のトップクラスに近づいていた。

松本は当時、天理大学の監督を務めていたが、武専では道上の四年後輩に当たる。また道上は、真柱とも旧知の仲であったため、ヘーシンクを鍛えるには天理が最適だと思ったのだろう。

天理時代のヘーシンク（右から２人目）、その左隣が真柱。右隣はイタリア人柔道家、ブルーノ・カルメニ

一方の、ヘーシンクは天理で何を見、どのように思ったのだろうか。

それを記した一文が『リーダーズダイジェスト』（一九六七年七月号）に載っている。タイトルは「日本柔道の欠点をつく」という、やや辛辣《しんらつ》なものだが、天理柔道には好意的で、「冬だというのに朝四時三十分に、氷点下の寒さの中ではだしでトレーニングを開始するのである」と練習の厳しさを述べるとともに、「私は天理大学ヘッドコーチの〝松本先生〟を、世界でもっとも優秀な柔道の指導者であると思っている」と書いている。

この言葉に嘘《うそ》はない。松本は厳しい練習を課すことで有名だったが、その実、名伯楽の異名を取る。結果、道上の依頼通り、ヘーシンクを鍛え上げ、ついには世界一の柔道家にまで育て上げたのである。

その六一年の世界大会で優勝したときの模様を、のちにヘーシンクは、中山善衞《なかやまぜんえ》・天理教三代真柱に次のように語っている。少し長くなるが、引用する。

「あの時は一試合、一試合に全力を尽《つ》くしました。試合の前には神永さんを一番マークしましたが、日本の選手がとても強いので、負けても仕方ないと思っておりました。ただ、外国人の間では一番になりたかったですね。

準々決勝での神永さんとの試合は、マットの上に昇った時、神永さんは私を投げるかもしれんと思いました。

いよいよ試合が始まると神永さんは彼の得意の大内刈りをかけてきました。驚いたことに私はその技を、いとも簡単にはずせたのです。その瞬間『ひょっとすると勝てるかもしれんな』と思いました。その時『ああ、これはむつかしいな』と神永さんが言うのを聞いて私はとてもうれしく思いました。

それから技をかけ合っているうちに場外へ出たのです。その時私は足を少し痛めました。すると神永さんは『へーシンクさんごめんなさい』と親切に声をかけてくれたんです。その時『よし！』とさらにファイトが湧《わ》き出ました。

準決勝で古賀さんとやった時は、彼とは講道館でも何度もやっていましたし、勝てる自信がありました。

（最後の）曽根さんは、強くて良い柔道家ですが、一時間でも組んだままおれるように静かに試合する人です。

その曽根さんに私がどう闘ったか、簡単な例をもって話しましょう。

オランダの農夫は、自転車で四十キロ、五十キロの遠くの地点へ行くのでも、広い土地をゆっくりゆっくりと走るから決して疲れません。しかし同じ農夫が大阪の街などを走ったりすると右に左に神経を使わなければならないので二、三分で疲れてしまうでしょう。曽根さんは、ゆっくり試合する人だから彼に対して私は激しく右に左に動いて技をかけました。そのために勝つことができたのです。強い日本の柔道家を打ち破って外国人として

一番最初に世界選手権をとったことは非常にうれしいことでした」（『あらきとうりよう』第54号、天理教青年会刊）

これがいかに衝撃的なことであったかは、いまとなっては分かりにくいだろう。

まず、日本社会がショックを受けた。

それはそうであろう。いかにヘーシンクが強いとはいえ、三人の日本人代表選手が寄ってたかって、なお勝てなかったのである。柔道の本場を自負し、最強を信じて疑わなかった日本人には青天の霹靂《へきれき》であった。

対するオランダは、それこそ歓喜に沸き返った。

ヘーシンクは試合の直後、「いまから飛行機で帰る」と自宅に電話をかけたところ、オランダ・ユトレヒト市長から「日曜日まで滞在しろ」と電報が来て、妻をパリまで送り届けてきたのである。

そして、その後の凱旋《がいせん》帰国。

そこで待ち構えていたのは、自国の英雄をひと目見ようと集まってきた大観衆だった。

その数およそ三十万人。

何しろ猛烈な熱気である。役所はみな閉まっており、風船が乱れ飛ぶ中を特別仕立ての車に乗り、故郷の町に近づくと、二、三百台もあろうかと思われるバイクに乗った警官が迎えてくれるではないか。

ヘーシンクの勝利は、これほどまでの熱狂をもたらした。逆に言えば、日本人選手を破ったということは、それほど名誉なことだった。

その三年後、後述する一九六四年の東京オリンピックの優勝とも相まって、その偉業はいまだに語り継がれている。フランス・ナショナルチームの元コーチ、パトリック・ビアル（八段）やセルジュ・フェスト（同）は「ヘーシンクの勝利により、われわれでも日本人選手に勝てるのだという気持ちになれた。その意味で、世界柔道にとっては大きな意味を持っていた」と語る。

パリの敗戦を何とか挽回《ばんかい》せんものと、日本柔道界はヘーシンク打倒に全力を傾注する。

第三章

二代真柱との交流

海外巡教

さて、第三回世界柔道選手権が開かれる前年（一九六〇年）、粟津は生涯忘れられぬ人に出会う。

天理教二代真柱《しんばしら》・中山正善《なかやましょうぜん》である。二代真柱は天理教内だけでなく、文化、教育、国際交流など国内外の各界に大きな影響を与えた人物である。中でも、柔道をはじめとするスポーツを自身も好み、周囲にも大いに勧めた。

二代真柱と粟津の交わりについてふれる前に、なぜ二代真柱がスポーツを奨励したのか、考えてみたい。

現在も天理高校、天理大学など天理教関連の各学校は、総じてスポーツが盛んである。柔道はもとより、ラグビー、野球、水泳（飛込を含む）、ホッケーなどなど。その源流は、すべて二代真柱に遡《さかのぼ》るといっても過言ではない。

天理教には、「かしもの・かりもの」という根本教義がある。人間の身体は神からの借りもの、神から見れば貸しものであるという教えだ。だから、誰でもいずれは神に身体を返すとき（死）が来る。

借りものだから、生きている、命があるということは、すべて貸し主である親神の守護に依《よ》っている。だから人間は、身体を借りている間は、持ち主である神の思いに沿って十二分にそれを使い、地球上のすべての人間が喜び勇んで暮らせる世界、それはすなわち、親神の人間創造の目的である「陽気ぐらし」の世界であり、その実現のために尽くそうというのが、この教えの趣旨である。二代真柱は、それを一つの形に表したものがスポーツだと考えた。

昭和二十四年の第一回天理教全国体育大会の開会式で、次のように述べている。

「我々は、健康を喜び老いも若きも互いに助け合って、親睦に和楽に暮らす時、自《おの》ずから元気で通ることができるのであります。（中略）我々は、この健全なる体躯《たいく》、健全なる心を養うことこそ、ここに教えの意義があり、人生の意義があると思うのであります」（『真柱訓

話集』から。一部漢字を書き換えた）
天理教内でスポーツ、または音楽などの各種活動が活発に行われるのは、この教えに由来する。付け加えるならば、それらは決して教団名や校名の発揚のためではない。確かに、スポーツなどで好成績を収めれば、それらが大きく広まることになるのだが、それは結果に過ぎない。

さて、真柱はこの年、七月七日から十月十五日までの三カ月間、海外巡教を行った。巡教地は、ヨーロッパ・アフリカなど約二十カ国。その主たる目的は、西ドイツのマールブルクで開かれる第十回国際宗教学・宗教史会議、次いでモスクワで開かれる第二十五回国際東洋学会議での学術発表だった。また、ローマではオリンピックの視察も予定されていた。その最初の訪問地がフランスで、このとき真柱一行を出迎えたのが粟津である。

真柱はそれ以前に二度、海外巡教として訪欧している。一九五一年と五四年である。

前者の記録は『たねまき飛行』と『続たねまき飛行』の二冊にまとめられているが、その日程は多忙を極めた。ざっと記すと、まずハワイとアメリカ本土（西海岸からニューヨ

ローマオリンピックの会場を訪れ、天理大学関連の競泳女子選手を激励

ーク、ワシントンへ）から始まって、南米のブラジルへ、次いでヨーロッパに飛んでポルトガル、スイス、フランス、イギリス、イタリアへ、その後アジアのイスラエル、パキスタン、インド、タイ、香港を経由して帰国している。

後者については、前回と同様にハワイから始まって北米のアメリカとカナダへ、次いで中南米のキューバ、メキシコ、パナマ、チリ、アルゼンチン、ブラジルを巡回し、ヨーロッパではポルトガル、スペイン、スイス、イタリア、西ドイツ（当時）、デンマーク、スウェーデン、オランダ、ベルギー、フランス、イギリスを訪れ、最後にパキスタン、セイロン（現・スリランカ）、タイと続く計二十二カ国を歴訪している。

これら二回の巡教で特徴的なのは、そのスケジュールに必ず在外公館、書店、図書館、美術館（博物館を含む）、柔道場の訪問が入っていたことである。しかも、その一つひとつを丹念に見て回り、図書館に至っては、関係者の案内で館内をくまなく回り、微に入り細をうがった質問をしている。

また、フランスのある書店では、「君の店では、戦前にはよく注文して書物を買った」と丸善《まるぜん》の紹介状を見せると、それまで無愛想だった店主の態度が一変し、「丸善からサインしてくるナカヤマ氏とは、おまえのことか」とばかりに次から次へと秘蔵書を出してきたというエピソードも残っている。真柱の名は、業界ですでに知れ渡っていたのだ。

その様子は、先に挙げた『たねまき飛行』の「世界古本屋巡礼」に詳しく紹介されているが、これを読むと、研究者も及ばぬ膨大な知識の一端がうかがえる。

むろん、これには理由がある。まず在外公館の訪問は、天理教の布教師が後年その地に来るであろうことを予測してのものであり、書店や図書館巡りは当時、産声を上げたばかりの天理図書館や天理参考館の充実・発展のためであり、柔道場の訪問は、スポーツを通じての国際交流のためである。

もとより、これらの訪問は、真柱個人の関心事でもあっただろうが、その根底には、世界布教へ向けての布石がある。その目的のもと、各界の名士や著名人との面談が行われていたのである。

二代真柱の人脈が多岐にわたるのは、つとに有名な話であるが、海外でもそれは如何《いかん》なく発揮され、行く先々でトップクラスの著名人との交流が繰り広げられた。この間の巡教での面談者を二、三挙げると、まずＢＢＣ（英国放送協会、イギリスの公共放送局）の日本語部長で、イギリス柔道界の草分けでもあるトレバー・レゲット、のちに国際柔道連盟会長を務めるチャールズ・パーマー、文化人では外国人による日本研究の先駆者であるドナルド・キーン、宗教界ではローマ教皇ピウス十二世等々である。とりわけ、ローマ教皇と会見したのは宗教的に重要な意味を持つ。

ヨーロッパにおけるカトリックは、衰えたりとはいえ大きな力を持つ。その権威や影響力はいまだ大きい。したがって、カトリックのトップとの会見は、その後に展開されるであろう天理教の欧州布教に少なからず資することになる。

その意味で、教皇との会見は大きな意味を持っていた。いまでこそ多くの日本人が教皇と接見し、その意義も徐々に浸透し始めたが、当時それを理解していた日本人は皆無であった。そもそも教皇の存在さえ、ほとんど関心を持たれなかった。その時代の会見である。先見の明があったとしか言いようがない。付け加えれば、真柱は教皇と会見した戦後初めての日本人であった。

レゲットとの縁により、柔道についての対談をＢＢＣから放送（1960年7月）

むろん、いま挙げた著名人との面談はほんの一部で、それ以外にも在外公館の大使・公使、各国の学者・文化人、スポーツ関係者が含まれるのは言うまでもない。

初めての邂逅《かいこう》

さて一九六〇年、日本は騒然としていた。日本政府は、日米安全保障条約（安保条約）の改定を目指していた。一方、これに反対する学生や一般市民の反対運動は空前の規模となり、六月には国会議事堂前でデモ隊と警官隊が衝突。さらに東大生の樺美智子《かんばみちこ》がデモ中に圧死するという痛ましい事故が起きた。

時の首相、岸信介《きしのぶすけ》は、警備上の理由からアイゼンハワー米大統領の招聘《しょうへい》を断念した。

一方、粟津の住むフランスの状況はどうだったのであろうか。

六〇年は、のちに「アフリカの年」と呼ばれる。この年、ソマリア、チャド、旧ベルギー領・旧フランス領の両コンゴなど多くのアフリカの国々が独立した。

そのころフランスは、アルジェリア問題で大きく揺れていた。アフリカ諸国が続々と独立するなか、フランスの植民地であったアルジェリアでも、民族意識の高揚とともに独立の機運が高まっていったのである。

すでに五四年には、インドシナ休戦協定が調印され、五六年にはモロッコ、チュニジアが独立を果たすなど、第二次世界大戦の終結により、かつてフランスが植民地としていた多くの地域も国家となっていった。

一九五八年九月、国民投票で新憲法が承認され、ここに、現在に続くフランス第五共和制が始まる。同年、パリ解放の英雄、シャルル・ド・ゴールが大統領に選出される。第五共和制下での大統領は強大な権力を有し、しかも他国に類を見ない七年という長い任期を持っていた（のちにジャック・シラク大統領が五年に短縮）。新大統領にとっての喫緊の課題は、アルジェリアの独立問題であった。ド・ゴール大統領は、やがてアルジェリアの独立を容認する方向へ傾き、二年後の六二年、エヴィアン停戦協定でアルジェリア戦争は終結し、アルジェリアは独立を果たす。

このように戦後の秩序構築のため、世界は大きく波打っていた。

一九六〇年七月七日、二代真柱は羽田《はねだ》を飛び立ち、パリに到着する。

当時、真柱と面識があったわけではない粟津が、この三度目のヨーロッパ巡教で、なぜ送迎・案内をするに至ったかは定かでない。そのいきさつを粟津自身も覚えていない。また、空港で出迎えた折はひどく緊張し、何を話したかも記憶にないという。

ただ、当時は、フランス在住の天理教関係者はもとより、在留邦人もほとんどいなかったため、粟津に出迎えの声がかかったのは確かであろう。

その証拠に、六〇年代初めの天皇誕生日（四月二十九日）には、在留邦人全員が日本大使館主催のパーティーに呼ばれている。

当時の様子を、粟津はこう述べている。

「日本人が少なかったので、パーティーではいろいろな話題に花が咲きました。大使館員の方も、たとえば警察関係の出身なら、柔道の共通の知り合いがいたりして親しくなりました。いまは招待者も選別され、全然知らない若い人が増えて、私たちとはあまり話が合いません」

妻の民枝も同様に、そのころを懐かしむ。

「当時はパーティーとなると、男の方たちは背広でしたが、夫人たちは服装がバラバラでした。ですから皆で相談して、黒の上下に帽子をかぶり、その帽子に羽をあしらった制服を考えたこともありました。その服も、わざわざ誂《あつら》えるのですよ。あのころが懐かしいです」

粟津が初めて真柱と会うのは、このような時代であった。厳密には、初めてではない。先に述べたように、旧制中学時代、柔道の試合で審判をしてもらっているのだが、もちろん、その姿は全く覚えていなかった。

当時、パリに絵の勉強に来ていた画家の上島一司《かみじまいっし》が天理教信者であったことから、真柱一行の出迎えに加わり、語学留学中の飯田照明《いいだてるあき》(現・天理大学名誉教授)が通訳に当たった。

空港で緊張の面持ちで迎える粟津の前に、真柱一行が現れた。到着早々、一行が立ち寄ったのは帽子店であった。そこでベレー帽を買いそろえた。以後一行は、フランス滞在中、ベレー姿で通してゆく。

そのベレー帽一行はパリを周遊するが、粟津がよく覚えているのは真柱のメモ書きだった。

なにせ、気になるものを見聞きすると、すぐにメモを取るのだ。すぐ後ろを歩いていた粟津が、危うくぶつかりそうになったこともある。

「（真柱様は）周囲の景色をじっとご覧になっては、何か思いつかれると、おもむろに手帳を取り出し、メモを取っておられました。また、古い図書館へも好んでよく行かれました」と粟津は振り返る。

ある日、一行は、パリの南西約八十キロの郊外にあるシャルトル大聖堂を訪れた。この大聖堂はゴチック建築の傑作で、一九七九年にはユネスコの世界遺産に登録されている。

粟津はこのとき、レンタカー屋でキャデラックを借り、シャルトルへと急いだ。後部座席には、真柱の隣に民枝が乗った。民枝は言う。

「大きな車に小さな私が乗ったものですから、カーブのたびに体が真柱様のほうに傾くのです。失礼があってはいけないと思い、倒れないように必死でした」

粟津夫妻にとっては、さぞ肩の凝る接遇であっただろう。

やがて町に近づくと、左右に塔を従えた建築物が見えてくる。シャルトル大聖堂である。面白いことに、二つの塔は高さも様式も違っている。低い塔はシンプルな角錐《かくすい》形をしているが、高い塔は火炎式で淡い緑色の屋根を突き抜け、上空にそびえている。

中に入ると、圧倒される。そこには巨大な空間が上空に向かって伸びている。また、キリストの家系図を表した「エッサイの根」が側廊に飾られ、キリストやマリアの一生を表す彫刻が物語風に刻まれている。「シャルトルの青」と呼ばれるステンド・グラスが美しい。

一行はそこで、しばし時を過ごす。フランスで最も美しいとされる聖堂だけに、感慨もひとしおであったろう。

真柱は、そこで敬虔《けいけん》な祈りを捧《ささ》げる人々を真剣な表情で見ていた。やがて昼食時になると、民枝が持参したおにぎりを差し出した。真柱は「これはありがたい」と嬉《うれ》しそうに頬《ほお》張《ば》った。

粟津は、このときになってようやく、それまでの緊張が解けだしたのを覚えている。

ある日、一行は日帰りで、〝奇跡の町〟として有名なルルド市を訪問した。

ルルドは、フランスとスペインの国境となっているピレネー山脈の麓《ふもと》にある。

一八五八年。その村の少女ベルナデッタ・スビルーが郊外のマッサビエルの洞窟近くで薪《たきぎ》拾いをしていたとき、若い女が現れた。初め、その女が誰であるか全く分からず、少女は彼女を「あれ」とだけ呼んでいた。

その「あれ」が、少女に聖堂を建てるように命じたため、話を聞いたペイラマール神父が「あれ」に名前を聞いてくるよう言いつける。そのときの名が「無原罪の宿り（ケ・ソイ・エラ・インマクラダ・クンセプシウ）」というものだった。

「無原罪の宿り」とは、日本人には馴染《なじ》みのない言葉であるが、カトリックでは、イエスの母・マリアが、その母・アンナの胎内に宿ったときから、原罪を免れていたということを指す。すべての人間が原罪を持つなか、原罪から唯一免れた存在が聖母マリアなのだ。カトリックはこの教義を、少女が「あれ」に出会う四年前（一八五四年）に確立している。

これは、無学の少女が到底知り得ない知識であるため、神父も周囲も少女の言葉を信じ始め、ついには「あれ」が聖母マリアであると認定された。そして、その聖母が示した泉水が難病患者を次々と治していったため、「奇跡の泉」と噂《うわさ》され、ヨーロッパ中から人々が押し寄せることになる。「ルルドの泉」の由来である。

真柱はむろん、そのことを十分に知ったうえで、「ぜひ、そこを訪れたい」と思ったのである。おそらく、天理教の聖地「ぢば」（天理教教会本部神殿の中央にある、親神様が人間を宿し込まれた地点）への思いと重なる部分があったのだろう。

事実、そこは聖地にふさわしい場であった。

聖母マリアが現れたという洞窟では、祈りを捧げる人がいた。持参した水筒に、聖なる水を汲《く》み入れる人もいた。シスターたちに寝台ごと運ばれて水浴する老婆もいた。

そのいずれもが、非常に印象に残ったようで、著書『北報南告』には「後髪の引かれる思い」でパリに帰ったと記されている。

ルルドからパリへ戻り、その日の夕食は、アーネスト・ヘミングウェイも訪れたリュクサンブール公園にほど近いレストラン「ラ・クロズリー・デ・リラ」で、フランス柔道連盟会長ポール・ボネモリとの会食だった。その会食には、粟津と川石も同席した。

話題は当然、柔道のことになる。

ボネモリは「次の東京オリンピックでは、おそらく柔道が正式種目になるであろう」と自身の見解を述べた後、「ついては選手強化に向け、天理から若い指導者を派遣してもらえないだろうか」と願い出た。

真柱は、「考えておきましょう」とだけ返答したが、横にいた栗津は複雑な心境だった。その話は、わが身に影響が及ぶかもしれないからだ。

だが、その日はまだ何も決まっていない。

栗津は一抹の不安を覚えながらも、ある日、真柱一行を自宅に招いた。

いまでこそ栗津夫妻は、三階建てのすべての階を所有している。だが当時は、まだ二階部分しか所有しておらず、しかもサロン・寝室・食堂のわずか三室のみである。そこへ、真柱一行五人を招待したのであるから、まさにすし詰め状態だった。

しかし真柱は、そんな手狭さも一切気にせず、久々に味わう日本料理に舌鼓を打っていた。

そのとき真柱の目に留まったのが、オベールの教会を描いた絵であった。オベールの教

セーヌ川のほとりで。右端が真柱、その隣が民枝。
後方にルーブル美術館の一部が見える

会はゴッホの傑作として有名だが、粟津もそれを描いていた。

「これは君が描いたのかね？」と聞かれた粟津は、「はい、私が描きました」と身を縮めながら返事したのを覚えている。それを聞いた真柱は「そうだろうなあ、よく分かるよ」とニコニコしながら話した。

実は粟津は、素人画家として絵をたしなむ。柔道と絵とは珍しい取り合わせだが、日曜画家の集まりであるチャーチル会の幹事長・林正治《はやしまさじ》（前述）の紹介で、パリ在住の画家・上島を紹介され、その指導を受けていた。

手前の３階建てが粟津邸。ここに数多くの柔道関係者が訪れた

イギリス元首相チャーチルの名を冠したこの集まりは、日曜画家の間ではよく知られた存在で、俳優の宇野《うの》重吉《じゅうきち》や長《は》谷川《せがわ》一夫《かずお》もチャーチル会に入っていた。粟津も会の一員になっていた。

これは、ほんのささいなエピソードだが、本人にとっては、いまも忘れ得ぬ記憶である。その絵は、真柱の思い出とともに、いまも粟津邸に残っている。

サロンのテレビは、日本で池田勇人《いけだはやと》が自民党総裁になり、岸首相が暴漢に襲われたことを報じていた。

さて、その翌日。

今度は、ボネモリが真柱を自宅に招き、同じ要件を懇願した。二度目の話であったため、真柱も何らかの返答をしなければならないと思ったのだろう。

「古賀正躬《こがまさみ》という男がおりますから、彼を送りましょう」と答えた。

古賀は当時、天理大学柔道部師範であった。二年前には、天理大学代表として全日本学生柔道選手権に出場し、決勝戦で神永と死闘を演じている。試合は延長に継ぐ延長で、実に三十八分間を闘い抜き、それでも勝負がつかなかったため、大会史上初の「優勝預かり」となった。

その古賀が、フランスに来ることが決まったのだ。

これは、フランス柔道界には朗報であったかもしれないが、粟津の胸中は複雑だった。

粟津は、そのときの心境をこう述べている。

「当時のフランス柔道連盟では、（コーチ陣を）常に新しい人に代えるという考えが支配的でした。すでに在仏十年になっていた私は、そろそろ将来を決めるべき時期が来たと感じました」

粟津は、まだ三十代の若さである。現役として通用する年齢であり、指導者としても、これからという時期である。

だが、フランス柔道連盟は、もっと若い柔道家を求めていた。しかも連盟には、二人の日本人コーチを抱える経済的余裕がない。したがって、古賀を招き入れた暁《あかつき》には、栗津の失職が即確定するだろうと考えた。

そうなれば、もはや日本へ帰国し、新たな道を模索するしかない。栗津の心は揺れていた。

その懸念を晴らしたのが、真柱であった。

後日、栗津は、来仏した松本安市から次のように耳打ちされた。

「栗津、真柱が君のことを心配されていたぞ。日本に帰って、もし行く所がなければ天理に来い、とおっしゃっているぞ」

栗津は感激した。

思えばパリに来て十年、フランス柔道界に所属してきた身であるが、今後の保証はどこにもない。しかも、そのフランスに新しい指導者がやって来て、身の置きどころがなくなろうとしている。

では、日本に帰ってどうなるのか？

ない。何の予定もない。最悪、浦島太郎のようになり、捨て置かれるかもしれない。妻とまだ幼い息子もいる。

それを思うと、暗澹《あんたん》たる気持ちになった。

そこへ、真柱のひと言である。粟津は闇の中に光明を見る思いだった。

やがて真柱一行は、次の目的地であるイギリスへ向かうことになり、その出発に際して粟津は、ホテルまで別れのあいさつに出向いた。

真柱は「粟津君、このたびはいろいろ世話になりました。もし良かったら、これを使ってくれるか」と言いながら、腕時計を差し出した。いまでこそ小学生でも持っているが、当時は貴重品だった。また、このころから「メード・イン・ジャパン」が世界を席巻するようになるのだが、その時計も日本製であった。

躊躇《ちゅうちょ》したが、周りの「粟津さん、頂かれたらどうですか」との言葉に促されて、押し頂いた。いま、その時計の二本の針は、もう動いていないが、いまなお粟津の文箱に大切に保管されている。

この後、真柱はイタリアも周り、ローマ・オリンピックの日本水泳チームを激励する。女子チームのうち五人が、天理高校教員あるいは天理大学生であった。

さらに、ギリシャにも立ち寄る。その際、在ギリシャ日本大使館の鈴木《すずき》敦也《あつや》副領事が一行を案内した。そのとき鈴木は、俗な表現を使えば、真柱の人柄にぞっこん惚《ほ》れ込んだ。そのときの印象がよほど強かったのであろう、この十一年後、パリに天理日仏文化協会が設立されるに当たり、鈴木は在仏日本大使館に勤務していたこともあって、設立に奔走する天理教のメンバーたちに、物心両面から献身的に協力することになった。

フランスに残る

翌一九六一年二月、その古賀がやって来た。当時、古賀は二十四歳。若いだけに、息せき切って乗り込んできたに違いない。

ところが、どうしたことか、フランスの水が合わなかった。まず、柔道で鍛えた頑健な身体であるはずなのに、何度も風邪を引く。その都度、ペニシリンを服用した。

そんなある日、古賀はフランス西端の町ブレストへ指導に行った。その後、当地の柔道家と魚釣りに興じた。

そこまでは良かった。だが、釣り船が浅瀬に乗り上げて動かなくなった。一同、必死に船を上げようと試みるが、一向に捗《はかど》らない。結局、二時間もの間、立ち往生することになってしまった。

これがいけなかった。潮風に長く身体を晒《さら》した結果、すっかり調子が狂ってしまった。パリに戻るや、自室に引きこもり寝込んでしまった。今回ばかりは、ペニシリンが全く効かない。何日経《た》っても、一向に治る兆しが見えてこない。

心配した粟津らが見舞いに行くが、どうも様子が尋常でない。

そこで入院することになるのだが、病院でも原因が分からないので首をひねるばかりである。その後、脊髄《せきずい》に菌が入ったことが判明した。原因は究明されたが、治療が遅々として進まない。とうとう医師から「残念ですが、九五パーセント治る見込みはありません」と引導を渡される始末である。

これが真柱の耳に入った。ただちに、「日本に帰って治療に専念するように」との指示があり、古賀はパリに来ていた京都大学病院の医師に付き添われ、東京・虎《とら》の門《もん》病院へ転院した。この措置が良かったのだろう。その後の古賀は、順調に回復する。そして再び、天理大学柔道部の師範として数々の名選手を育て上げることになる。

かくして、状況は振り出しに戻った。フランス柔道界には粟津しかいない。彼に残ってもらうしか手はなかった。

この年五月、粟津に悲報が届いた。父親が亡くなったのである。

思えば、粟津に柔道を勧めたのは父であった。その父の死に目に会えないことは、何よりつらいことであったが、フランスから父の冥福《めいふく》をひたすら祈った。

この間のいきさつを、粟津はこう語っている。

「日本を出るとき、父とは今生の別れのつもりでした。今日のように、簡単に日本へ帰れる時代ではありませんでしたから。

私は十歳で母を亡くしました。思えば嘉納治五郎先生も、十歳で母親を亡くされています。

私は旧制中学で柔道をやり、その後、志望校の試験に落ちました。しかし、上の学校へ進んだ友人らは、学徒出陣で大勢亡くなりました。私も、もし受かっていたら、外地へ出て戦死していたかもしれません。

古賀さんが来られたときも、そろそろ日本へ帰国せねばならないかと思っていたら、真柱様が手を差し伸べてくださいました。ところが、古賀さんが倒れて続けられなくなり、私が残ることになりました。

もともと私は、柔道の専門家になろうとは思っていなかったので、今日まで続けられるとは夢にも思っていませんでした。人生というものの不思議さを、つくづく考える今日このごろです」

粟津はさまざまな試練に揉《も》まれながら、その後もフランスで柔道指導を続けてゆく。

一九五七年からは、レーシング・クラブの道場でも週に二度、柔道を教えていたが、六一年からは、同クラブに正式に雇われる形となった。したがって、昼はヴァンセンヌの森にある国立体育研究所でナショナルチームを指導し、夜はレーシング・クラブで教えることとなった。その身は多忙を極めた。

ナショナルチームの練習が毎日あるというのは、日本人には奇異な感じがするが、すでにそのころのフランスには、いわゆるスポーツ奨学生（Boursier）の制度があり、柔道に限らず、スポーツに秀でた者は国から生活費が支給された。後顧《こうこ》の憂《うれ》いなく、競技に専念できる環境が整っていたのである。スポーツにおけるエリート教育である。

十三年ぶりの帰国

東京オリンピックの前年、一九六三年のことである。

この年の九月八日、粟津は二代真柱から一通の手紙を受け取る。

内容は「粟津君、費用のことは心配しなくてもいい。私が工面するから、ぜひ帰ってきなさい」というものだった。

事のいきさつは、こうである。

六三年、日本では翌年のオリンピックに備え、プレ・オリンピック（正式名は東京国際スポーツ大会）が予定されていた。その準備と視察のため、フランス柔道連盟の事務局長が来日し、その足で天理に立ち寄って真柱と面会した。

そのとき粟津のことが話題に上り、「プレ・オリンピックに、フランス選手団の一員として粟津君は帰ってきますか?」と真柱が尋ねたところ、「予算がないため、帰れないでしょう」とのことだった。

それを聞いた真柱は、さっそく粟津に手紙をしたためた。その内容が、先のものであった。

受け取った粟津は驚いた。というよりも、震えが来た。

思えば、一九五〇年に神戸の港を後にして十三年、一度も祖国の土を踏んでいない。その間、恩師や父の他界が相次いだ。それでも帰国できなかった。

それほど日本は遠かった。

それが、いきなりの帰国の誘いだ。

手紙を読むなり、訳も分からず涙が出た。真柱に対して、言い尽くせない感謝の念が湧《わ》き上がった。

粟津は手紙を握り締め、遠い祖国を思った。

さて、その後の経過である。

粟津と真柱は計九回にわたり手紙や電報のやりとりをしている。当時はまだファックスもない。電話はあるが、料金がえらく高い。そのため日本とのやりとりは、必然的に電報と手紙が主となる。

まことに、はがゆい時代である。逆に言えば、それだけ日本へ帰ること自体、大変なことだったのである。

そのためもあるのだろう。粟津は、真柱から届いた手紙の束を大切に保管している。

その中の一通を記してみる。

お手紙拝見

日本へお帰りになる飛行機の切符は、往復切符を日本交通公社を通して Air France 社に依頼、手配すみました。近く同社より、切符を貴下に届けるよう、こちらの同社エージェントより本社に連絡あることと思いますが、細部にわたっては、貴下よりエールフランスの会社に交渉してください。

ご出発については、何か手続きなど必要かもしれませんので、切符の入手次第、出発できるようご準備願います。
プレ・オリンピックは十月十一日より始まりますので、それに間に合うよう早い日に出発されたらよいと思います。
一九六三・九・二〇
中山正善
粟津正蔵様

文面から、真柱が直々に切符の手配をしていたことが分かる。また追伸に、プレ・オリンピックが十月十一日であることを、あらためて記していることにも、配慮のほどがうかがえる。
これに対する粟津の返事は以下の通りである。ただし、礼状は真柱宛《あ》てに出されているため、その下書きである。

拝復

この度は図らずも温かきご芳情を賜り、帰国できますことは、私の生涯忘れ得ぬ喜びであり、衷心より感謝いたしております。

早くにご手配に預かり、エールフランスよりの通知を鶴首いたしておりましたが、本日午後、電報にて通知を受けましたので、左記の飛行機にて帰国いたすべく手続きを致しました。

招待選手が十月六日の特別機（日航）にて出発いたし、七日の午後九時十分に羽田到着の予定でございますので、私も同時刻頃に着きます飛行機を選択いたしました。巴里《パリ》にて購入すべき物がございましたら、ご指示くださいますれば幸甚に存じます。

右御礼旁々《かたがた》ご通知申し上げます。

九月二十五日

このころ、帰国は目前に迫っており、粟津も現実のものとして捉えていたようだ。真柱への感謝とともに、近づいている試合のことが気になってきたのであろう。

他方、民枝は留守番だった。民枝も十一年間、日本に帰っていない。

できることなら一緒に帰りたかったはずであるが、金銭面や子供の学校のことがあり、断念せざるを得なかった。

栗津は当時のことを「辛抱の時代」と呼んでいる。


その栗津が羽田空港に着いたのは、十月五日であった。

翌日には、東京滞在中であった真柱に面会した。

「昨日帰らせてもらいました。このたびは、何とお礼を申し上げてよいやら……」

語尾を濁らせる栗津に対し、真柱は満面に笑みを湛《たた》えながら、

「おかえり、ご苦労さんやったなあ」

とねぎらった。

「おかえり」も「ご苦労さん」も、ついぞ耳にしなかった言葉である。

それは、異国の地で十三年にわたって指導し続けた栗津への、最大のねぎらいであっただろう。

熱いものが込み上げて、返事の言葉が出てこない。うつむいたままである。

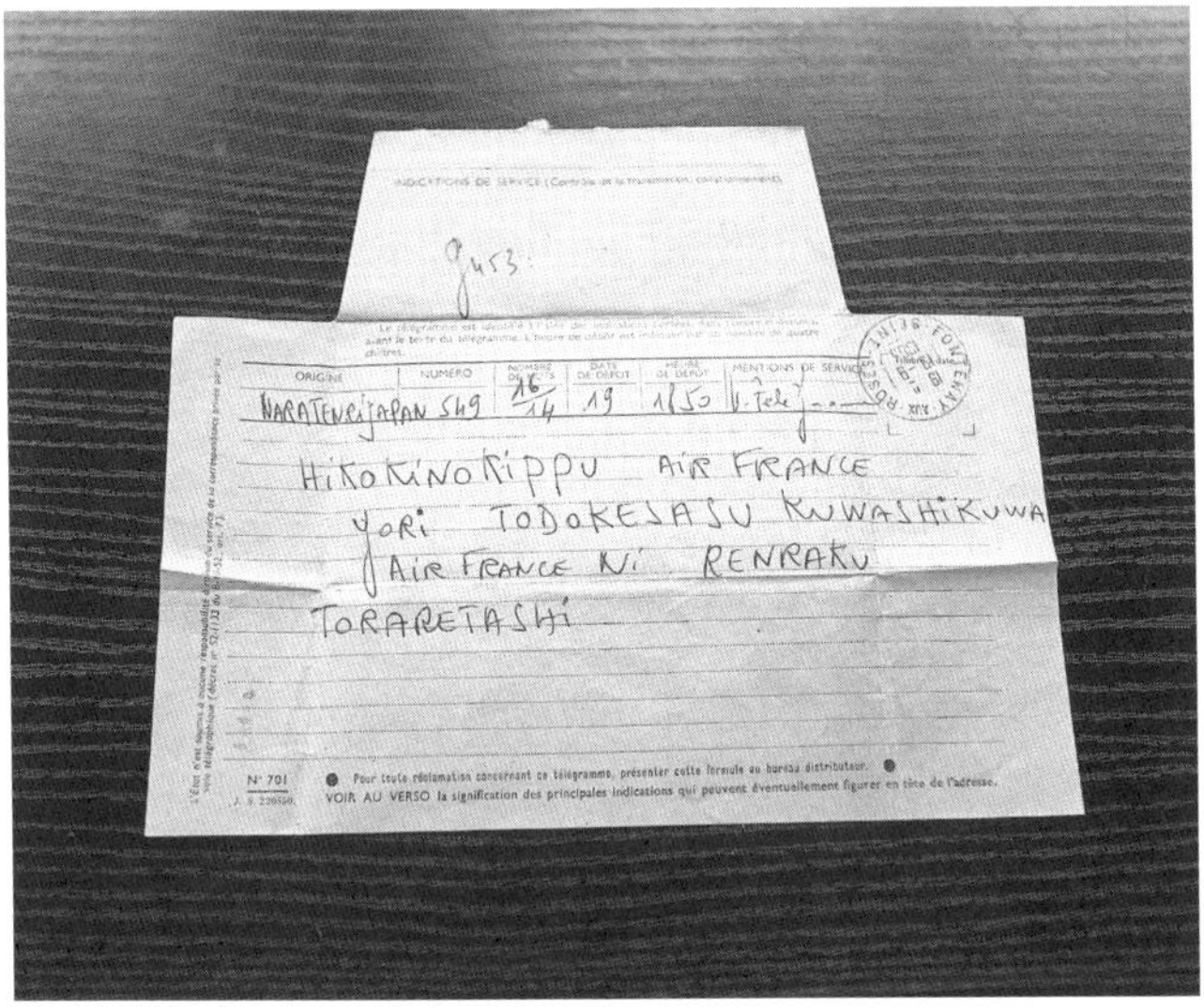

このとき真柱から届いた電報のうちの１通。使用済みの航空券や、パリ案内の際に贈られた時計とともに大切に保管されている

真柱は、ただニコニコと見ていた。

十三年ぶりの日本は変わっていた。東京の真ん中には、エッフェル塔を思わす巨大な塔が建っていた。「東京タワー」というのだと教えてもらった。高速道路が走り、銀座にはネオンサインが輝いていた。人々は、プロ野球の長嶋茂雄《ながしましげお》選手の華麗なプレーや、外国人レスラーを次々とマットに沈める力道山の空手チョップに酔いしれていた。

そしてもう、進駐軍はいなくなっていた。

第四章

東京オリンピック

故国にて

プレ・オリンピックは十月十一日から十六日まで行われた。柔道競技は十二、十三の両日だった。

これは、大会委員会にとっても選手にとっても、オリンピック本番へ向けた予行練習のようなものであるが、それにしてもフランス選手は振るわなかった。フランス柔道界にとっては、不安材料を抱えることになった大会だった。だが粟津にとっては、久しぶりの日本である。成績不振は気になったが、心は踊っていた。

競技終了後、粟津は飛行機で関西へ向かった。

伊丹《いたみ》空港には懐かしい面々が並んでいた。恩師、先輩、級友、兄弟たちが、いまや遅しと粟津の到着を待っていた。

栗津のフランスでの活躍は広く知れ渡っている。皆、それを誇りに思い、栗津の帰国を心から歓迎していた。

栗津は歓迎を受けた後、そのまま山科《やましな》の実家へ帰郷した。実家は何も変わっていなかったが、父の姿はない。さっそく義母とともに墓へ詣《もう》でた。もし父が健在だったら、いまの自分を果たして褒《ほ》めてくれるだろうか。栗津はそう自問しながら、静かに墓前で手を合わせた。

だが、いくら十三年ぶりの帰国といっても、栗津はフランス・ナショナルチームのコーチである。ゆっくり実家で休める立場ではない。

翌十四日には天理へ向かい、当地で開催された国際親善柔道天理大会に参加した。このときもフランス選手は振るわなかった。わずかに天理大学留学中のベルナール・シュードルが一回戦を勝っただけである。

当時の天理大学柔道部は、前述の松本安市が監督を務めており、師範には橋元親《はしもとちかし》、松本成四郎《せいしろう》、さらに二年前に体調を崩して帰国した古賀正躬《こがまさみ》の姿もあった。元気に指導する古賀を見て、粟津は心から喜んだ。

一方、粟津は以後も多忙な日々を送っていた。大会が終了するや、アンドレ・エーテル（ヨーロッパ柔道連盟会長）らを伴って九州・八幡《やはた》製鉄所で試合。大阪にとんぼ返りして大相撲大阪場所を見学。このとき真柱の紹介で、大鵬《たいほう》・柏戸《かしわど》の両横綱と会っている。

その後、他国の選手は東京へ戻ったが、フランス選手だけは二十一日から天理大学で練習した。合宿所には、先に述べた紺谷久則が会長を務める天理教飾東大教会の信者詰所が使われた。

三十日の練習後、粟津は真柱に呼ばれた。何ごとかと思い、急いで真柱宅へ行ってみると、折から天理来訪中のネパール国王を紹介された。粟津は真柱の交遊の広さに、ただただ驚くばかりであった。


粟津がようやく故郷に落ち着くのは、十一月に入ってからである。

帰郷に合わせて、先輩たちが恩師・西與七《にしよしち》の八段昇段祝いの席を持った。顧みれば二十七年前、粟津少年は、西に捻挫《ねんざ》を治してもらったことが縁で柔道を習い始めた。いわば、生涯の恩人の一人である。

恩師に会うなり、つらかった冬の合宿や、優勝して東京から凱旋《がいせん》した日のことが走馬灯のように蘇《よみがえ》った。一方の西も、粟津がフランスで活躍していることを聞き及んでおり、心から祝ってくれた。

その後、粟津は、京都市長公邸で開かれた高山《たかやま》市長主催のレセプション、京都柔道協会の歓迎会、弟の結納式、親戚《しんせき》一同との夕食会、母校の同窓会、チャーチル会の会合と、目白押しに続く過密スケジュールをこなしてゆく。そして最後に天理へ戻り、全日本チームの合宿を見学し、真柱主催のお別れパーティーに出席して、十一月十二日、羽田《はねだ》からフランスへ飛び立った。めまぐるしい一カ月余りの日程だった。

だが、不思議に疲れは感じなかった。いや、本当は疲れているはずだったが、心が高ぶっているせいか、多忙な日々も苦にならなかった。いま、こうして自分があるのは、遠く離れてはいても温かく見守ってくれていた周囲の人々のおかげであると、あらためて思った。そして、その恩に報いるためにも、より多く、より強いフランス人柔道家を育てなければと心に誓った。

奇跡の東京オリンピック

さて、東京オリンピックである。もともと東京は、一九四〇年のオリンピック開催が決まっていた。ところが当時は、日中戦争のさなかにあり、日米関係は緊迫していた。この状況では、とてもオリンピックを開けそうになかった。

結局、日本は開催を返上する。

それから戦争をはさんで、二十年余りが経《た》った。東京は再び、オリンピック開催に向けて手を挙げる。

ライバルはデトロイト（アメリカ）、さらにウィーン（オーストリア）、ブリュッセル（ベルギー）もこれに続く。中でもデトロイトは強敵で、当時の全ＩＯＣ（国際オリンピック委員会）委員五十票の過半数を得ているのではないかと噂《うわさ》された。どう見ても、東京が勝てる見込みはほとんどなかった。

が、東京は東京で開催を諦《あきら》めるわけにはいかなかった。敗戦の痛手から立ち上がるためにも、オリンピック招致が必要だった。そもそも、戦後初めて行われたロンドン・オリンピックには、敗戦国であることから出場を拒否された。スポーツと政治は切り離されるべきだとされているが、これなどは典型的な政治絡《がら》みの措置である。

屈辱だった。何としても、それを拭《ぬぐ》い去る必要があった。そのためには、ぜひとも日本でオリンピックを開催しなければならなかった。

そこで採った方法は驚くべきものであった。日本はなんと、アメリカ在住の一民間人にＩＯＣ委員の票の取りまとめを依頼したのだ。

その民間人とは、和田《わだ》フレッド勇《いさむ》とその妻・正子《まさこ》。ロサンゼルスに住む日系二世の夫婦である。二人を推薦したのが、「フジヤマのトビウオ」と称された古橋広之進《ふるはしひろのしん》である。古橋はロサンゼルスの全米選手権の際、和田家に世話になったことがあり、その人となりをよく知っていた。また、彼らが英語とスペイン語に堪能《たんのう》なことも知っていた。そんな訳で推薦したのだが、その人選がふさわしいか否かは未知数だった。

1949年、ロサンゼルスで行われた全米水泳選手権で、橋爪四郎（左から２人目）、古橋広之進（中央）らは驚異的な泳ぎで他の選手を圧倒、日本人を奮い立たせた。フレッド和田（右端）は選手たちの宿舎として自宅を提供、食事の世話から練習用プールの手配まで引き受け、選手たちを陰で支えた

和田にはツテもパイプもない。おまけに「日本は金がないので、招致活動は自前でやってくれ」という。その額は軽く数百万円はかかるだろう。ここまで来ると、無茶苦茶である。

ところが和田は、義侠心《ぎきょうしん》と愛国心から敢然《かんぜん》と引き受ける。そして、アメリカの牙城《がじょう》である中南米を切り崩しにかかってゆく。

まずはメキシコ。

ここで粘りに粘って、ＩＯＣ委員ホセ・クラークの説得を試みる。だが、これは至難を極めた。メキシコはアメリカから莫大な援助を受けている。そのアメリカのデトロイトが立候補しているのである。しかも和田は、ＪＯＣ（日本オリンピック委員会）の関係者でもなく、日本国政府の一員でもない。

当然、和田の申し出は断られた。

それでも和田は必死に説得した。白人文化圏以外で一度もオリンピックが開かれていないことを理由に挙げ、粘りに粘った。猛烈に食い下がった。

そしてついに、和田の情熱に根負けしたクラークは日本支持を確約した。併せて、これから訪問する中南米諸国への紹介状を書いてくれたのである。

これを携えて、和田夫妻はキューバへ、ベネズエラへ、そしてブラジルへと渡り歩く。

だが、ここで問題が起きてくる。ブラジルを訪れたときである。同国の委員が、東京開催の支持の見返りに、ＩＯＣ総会出席への経費二千ドルを要求してきたのである。

さあ、困った。そのような大金を捻出《ねんしゅつ》する当ては全くない。そもそも、自分の懐具合さえ危うい状態だった。

ところが、当地がブラジルであることが幸いした。周知の通り、ブラジルには多くの日系人がいる。彼らにとっても、東京でオリンピックが開かれることとは、何よりの栄誉である。

実は、当地の日系移民は、戦中・戦後にかけて差別や迫害に遭《あ》っていた。とりわけバルガス独裁政権（第一次）下では、日本語教育や家庭外での日本語使用が禁止された。さらには不当逮捕や拷問《ごうもん》が横行し、強制収容や資産没収も行われた。

したがって祖国のオリンピック開催は、名誉挽回の絶好のチャンスでもあったのだ。

そこで、サンパウロの日本人会は、このときとばかりに募金を呼びかけ、見事に二千ドルを用立てた。

これは和田夫妻、ひいては日本にとって起死回生の一打となった。

これで弾みがついた。あとは余勢をかって、ウルグアイ、アルゼンチン、チリ、ペルー、パナマ、コロンビア等々と中南米をくまなく回った。そして、そのすべての国々から支援を取りつけ、デトロイトの牙城を根底から切り崩したのである。

こうして五九年のミュンヘンでのＩＯＣ総会では、実に三十八票を得て、東京オリンピックが決定した。

それだけではない。和田はメキシコから受けた恩を忘れることなく、のちに同国が次期オリンピック開催候補地に名乗りを挙げるや、二カ月にわたりメキシコに滞在し、大会招致に尽力したのである。

その結果は周知の通りだ。メキシコはオリンピック開催にこぎ着け、和田はメキシコ大統領から感謝状を受けた。

以上が、東京オリンピック開催の経緯である。こうしたエピソードからも分かる通り、オリンピックにかける日本の思いは、まことに強烈であった。その開催は、官民あげての悲願だったのである。

柔道、正式種目となる

栗津が渡仏する真柱一行を迎えた翌一九六一年、真柱は、もう一度フランス、スイス、ギリシャを訪ねている。

ただし、このときの訪欧は、それまでのものと全く違った。柔道を東京オリンピックの正式競技とするための交渉であった。

先に述べたように、一九五九年、ミュンヘンで開かれた国際オリンピック委員会（IOC）総会で、五年後のオリンピックの開催地が東京に決定した。柔道の本家・日本で初めて開かれるオリンピックであるから、当然のように「オリンピックに柔道を」という声が高まってくる。

翌六〇年五月、国際柔道連盟（嘉納履正《かのうりせい》会長）は、ブランデージIOC会長と同時に、東京オリンピック組織委員会に、東京オリンピックで柔道を正式競技とするよう請願書を送った。これを受け組織委員会は、東京では柔道を加えた二十二競技を開催することを決める。そして同年八月、ローマでのＩＯＣ総会で、東京大会では柔道を正式競技に加えることが、いったんは決定した。

ところが、同年十二月になって、組織委員会は東京における競技数を、柔道を含む十八競技に縮小することにした。ここから話がややこしくなる。この十八競技案に、外国から反対意見が出てくるのである。

そこで全日本柔道連盟は、六一年六月にアテネで開かれるＩＯＣ総会に代表団を送り、競技数を十八とし、なおかつ柔道を実施するよう働きかけることにした。そのとき白羽の矢が立ったのが、二代真柱と全日本学生柔道連盟理事長の早川勝《はやかわまさる》（当時）であった。

先ほど挙げた和田夫妻の柔道版と言っていい。

競技数は増やせない。しかし、柔道は何としても実施する。二代真柱の役回りは、そういう微妙なものだった。

そのときの経緯を、早川は『みちのとも　二代真柱追悼号』（昭和四十三年二月号）に詳しく記している。

「オリンピック東京大会が行われた前々年（筆者注＝三年前の間違い）のことである。実施種目は十八種目という建前があって、仲々『柔道』が採用にならない。日本柔道界は大いに焦ったが、（中略）その年の七月（同＝六月の間違い）、希臘《ギリシャ》のアテネでＩＯＣ総会が開かれて、実施種目が最終決定を見るというので、日本柔道界から然《しか》るべき代表を送って猛運動をやろうということになった。その対策会議の席上、全日本実業柔道連盟会長の永野重雄《ながのしげお》氏（富士製鉄㈱社長）が『何が何でも「柔道実施」を決めて来いという訳でない。日本柔道界として本件解決の為《ため》最善を尽《つく》すという意味で、中山さんと早川君に、行って貰《もら》おうではないか』と発言した。

中山さんは私の方を向いて、『断りにくい頼まれ方をされたもンやなアー』と頭をかいて居られたが、結局二人は引受《ひきう》けさせられた。後で聞けば、中山真柱はその年の春、相当長期に海外旅行をされ（筆者注＝この年春には海外へ出かけていない。前年夏から秋の三カ月にわたる海外巡教の間違いか）、帰国後あまり間もなく大多忙という事情があった由《よし》にも拘《かかわ》らず、日本、否《いな》世界の柔道の為この大役を引受けられたのであった」

と述べている。

確かに、永野の人選は的確だった。いや誰が見ても、真柱以外にこの役を担える者はいなかった。

まず、真柱は国際的な人脈が豊富であった。何よりも当時のIOC会長アベリー・ブランデージと懇意だった。来日したIOC委員全員を天理に招待したこともある。柔道界でも、その名はつとに知れ渡り、アントン・ヘーシンクをはじめ各国の選手たちは、真柱の世話になっている。

こうなれば、誰もが真柱に期待を寄せる。永野の先の発言は、それを代表するものであった。

かくして真柱は、六一年六月六日、ギリシャ・アテネで開かれるIOC総会に向けて、ヨーロッパへ旅立つ。出発に当たっては、当時の小坂善太郎《こさかぜんたろう》外務大臣が、自らタラップの下まで見送りにやって来た。文字通り、日本中の期待を一身に背負っての外遊である。

真柱がまず降り立ったのはパリであった。

見送りに駆けつけた小坂外相（左）と握手を交わす（東京国際空港）

真柱の到着前、嘉納履正・講道館館長が応援部隊としてパリに先乗りし、フランス柔道連盟主催の歓迎パーティーが行われた。その二日後に真柱の到着である。迎える粟津は多忙を極めた。

粟津は、天理大学の浅見《あさみ》篤《あつし》教授、同年二月に来仏していた古賀正躬とともにオルリー空港で真柱を出迎えた。

実は粟津は、このとき真柱の来欧理由を知らなかった。もちろん、いつもの巡教と違うことは分かっていたが、あえて聞かなかった。

「真柱様は何をしに来られたか、おっしゃいませんでしたし、私からもそんなことをお伺いすることはありませんでした。後から思えば、重大な責務を負っておられたのですが、特に緊張されているようにはお見受けできませんでした」

真柱はパリの滞在をわずか二泊三日で切り上げ、慌ただしくスイスへ、次いでアテネへと旅立ってゆく。

さて、そのアテネである。

このアテネ訪問については、著書『陸壹画録《ろくいち》』に淡々と記されている。

「六月十三日、アテネに来る。ブランデージI・O・C会長はじめ先におぢばに来たI・O・C委員達と旧交を温める。柔道のオリンピック正式加入の結果を一喜一憂しながら、二十日までホテルに釘づけとなる」

東京オリンピックの実施競技を決める投票が行われるのは、総会最終日の二十一日であった。

十三日の到着であるから、ほぼ一週間、誰と会い、どのような交渉をしたのであろうか。それを探るため、いま一度『みちのとも』を引用してみる。

東京オリンピック準備委員会招待のレセプションにて。
右から真柱、ブランデージＩＯＣ会長、早川勝（６月20日）

その中で、早川は次のように述べている。

「中山さんは、ＩＯＣの最有力者ブランデージ会長とは、かねて美術品愛好を通じて親交のある間柄である。しかしそれとこれとは別ということで、ブ会長その他の有力委員を歴訪したり、宿舎を態々《わざわざ》委員の泊《とま》っているホテルへ移し、朝食堂に早々と出張ったり、時には廊下とんびさえして、みずから委員説得や情報集めにつとめられた」

真柱の活動のほどがうかがえる。

勝手知った母国ならいざ知らず、

右も左も分からない異国の地で、ごった返す人混みをかき分けながら慣れぬ外国語で説得活動をするのである。並大抵なことではない。このロビー活動には、前年ギリシャを訪れたとき案内役を務め、真柱の人柄に感化された鈴木副領事も関わった。だが、最後の決め手となるのは真柱自身の言葉であろう。

真柱は投票前日の夜、あらためてブランデージ会長と会っている。

早川の文章を続ける。

「中山さんはホテルのバーでブ会長に会って最後の要請をされた。（中略）私どもの居る室《へや》へもどって来られた中山さんは、『頼んで来た。見込みあると思う』と言われる。『どう言うて頼んだですか』とたずねると、『ヘルプ・ミー・フォア・ジュウドウと言うた』皆《み》んな笑った」（前掲書）

そして、翌二十一日。

総会で投票が行われ、柔道は東京オリンピックの正式競技に決定した。

その結果が伝えられた瞬間、今か今かと待ちわびていた関係者から歓声が湧《わ》き起こり、控え室は歓喜の渦に包まれた。肩を叩《たた》き合うやら東京へ電報を打つやらで大変な騒ぎになった。

ところが、である。

ふと、周りを見渡してみると、真柱がどこにもいない。早川自身も捜してみたが、見当たらない。

そこで、秘書兼通訳として随行していた飯田照明に早川が尋ねると、「ホテルの自室で臥《ふ》せっておられる」とのことである。

そのとき初めて早川は、真柱の心中を理解することができた。

表向きは、「ヘルプ・ミー・フォア・ジュウドウ」と冗談を飛ばしていた真柱だが、その実、全身全霊を傾けていたのだ。

おそらく、正式競技決定の一報を聞いた瞬間、「これで使命が果たせた」という安堵《あんど》感と、その後に押し寄せる疲労感が重なって、身体を休めずにはいられなかったのだろう。

それほど全精力を注いでいたということだ。

むろん、この決定にＪＯＣは沸き返った。いや、全世界の柔道界が沸き返った。

総会での投票の結果、折衷案ともいえる東京大会の競技数は二十となる。そして、柔道も実施することになったのである。この種目数について、ＩＯＣ総会での決定翌日の『朝日新聞』は「二十種目という超大型オリンピックはオリンピック史上初めて」と伝えている。ちなみに、二〇一二年に行われたロンドン・オリンピックでは二十六競技が行われている。

考えてみれば、もともと決まっていた二十二競技にすれば、柔道の実施は何も問題なかったのである。それを東京オリンピック組織委員会が、なぜ十八競技に減らそうとしたのであろうか。組織委員会は当然、日本人で構成されている。外から見れば、いったん決まった柔道実施という話を、日本人自らがわざわざ複雑にしているようにも見える。

理由は、おそらく経済的なものであろう。同じ『朝日新聞』には、田畑政治《たばたまさじ》・東京オリンピック組織委員会事務総長の「五輪の経費を安くしたい」という談話が載っているし、また津島寿一《つしまじゅいち》・日本オリンピック委員会会長も「工夫をすれば経費はそれほどかからないと思う」と述べている。無い袖《そで》は振れないということであろう。そう言えば、池田勇人内閣が所得倍増計画を打ち出したのが六〇年。日本が「金持ち国」になるには、もう少し時間が必要であった。

それにしても、「ヘルプ・ミー・フォア・ジュウドウ」。これは、真柱一流の冗談であろう。では総会前夜、真柱とブランデージ会長との間でどのような会話が交わされたのであろうか。筆者はそれを知りたいと思い、通訳として真柱に随行した飯田照明に尋ねた。しかし飯田によると、真柱とブランデージ会長のやりとりの場には、飯田は同席しなかったという。つまり、いわゆる〝サシ〟で交渉したのである。

投票を翌日に控えて二人だけでなされた会話の内容を、誰しも知りたいと思うが、二人とも故人となったいま、確かめるすべはない。

ただ、柔道の実施が決まった背景には、その前夜に二人の間で劇的な会話がなされたというようなことではなく、おそらく、ブランデージ会長やＩＯＣ委員が真柱との交流を通じ、日本柔道界の熱意を感じ取ったことが挙げられるだろう。先に述べたように、真柱はブランデージ会長はもちろんのこと、来日したＩＯＣ委員全員を天理に招待している。また、柔道の国際化にも非常な貢献を果たしている。それは単に、オリンピックがあるからという付け焼き刃では決してない。長らく継続されてきた交流の賜物《たまもの》なのだ。それが評価されたに違いない。

オリンピックに正式採用されることは、柔道が世界的に認知されることである。となれば、それだけで柔道の立場は比較にならないほど向上する。競技人口は当然増えるし、国が柔道を見る目も違ってくる。むろん、それに伴う補助金も増えてこよう。つまり、それまでとは何から何まで違ってくるのだ。

すなわち、五輪の正式競技になることは、どの国の柔道界にとっても悲願だったのである。それがいま、実現したのだ。これ以上の朗報はない。

栗津もこれを心から喜んだ。できるなら柔道家の一人として、心から感謝の意を伝えたかった。

だが、真柱は帰路、パリに立ち寄らなかった。オルリー空港で飛行機を乗り換えただけである。

「ご苦労さまでした。ありがとうございました」

栗津は万感の思いをもって、真柱の乗る機を見送った。

悲願ならず

一九六四年（昭和三十九年）、すべての日本人が待ちに待った、東京オリンピックの年が明けた。史上初めて、柔道が正式競技となる大会である。各国とも、大会に向けての準備が慌ただしくなってきた。

粟津も人ごとではない。三月には、ソ連（当時）主催の国際大会がモスクワで開かれ、フランスチームのコーチとして参加した。モスクワからパリへ戻った翌日、今度はヨーロッパ柔道連盟主催の審判講習会が、オーストリアのオーベルトロンという町で行われるために出発。そこで、オリンピックに参加する審判員を選考した。

四月二十三日にはヨーロッパ選手権が行われ、東ベルリン（当時）に入った。この大会には、東京オリンピックの柔道日本チーム監督を務める予定であった松本安市が敵情視察

1964年３月、モスクワで開催された国際大会での粟津。視線の先には、闘うフランス選手の姿が

に来ていた。粟津は松本と、オリンピック対策を現地で相談した。

六月、粟津がフランスチームのコーチとして東京オリンピックに参加することが正式決定した。前年には、真柱からの予想もしなかった招待により日本へ帰ったが、今度は堂々と、胸に赤・白・青の三色旗を付けて、フランス選手団の一員として参加するのである。

九月十一日、粟津は東京に着いた。二十日には選手団を迎え、彼らは選手村に、粟津は別のホテルに移動した。偶然にも、このホテルが東京の真柱宅から徒歩で行けるところだった。そんなこともあり、粟津は滞在中、何度も真柱に呼び出された。ある日、駆けつけてみると、そこにはボネモリ、川村禎三《かわむらていぞう》・国際柔道連盟理事、大澤慶己《おおさわよしみ》・日本チームコーチら柔道界の重鎮が揃《そろ》っていて、共に食事をすることも幾度かあった。

あるとき、練習を終えてホテルへ戻ると、フロントに「すぐ来るように。中山正善」というメモが残してあった。慌てて向かうと、真柱宅の応接間に寿司屋のカウンターがしつらえてあり、中には、なんと真柱がねじりハチマキ姿で立っていた。

皆を前にして、「さあ、寿司食いねえ」と冗談を飛ばしながら、自らにぎり寿司をこしらえて振る舞った。決戦を間近に控えて、心和むひと時であった。

十月十日。その日、東京・代々木《よよぎ》の国立競技場は、世界中の憂いを清めるような青空に包まれた。見上げれば、この青いスクリーンに全国民の喜びが映し出されているようだった。心地よい緊張のなか、やがて開会式が始まり、ギリシャ選手団、フランス選手団、そして最後に、日本選手団が堂々の入場行進。観客席にいた粟津は、高まる胸に、普通の人とは違った誇りを感じたという。

「私は本当に恵まれていました。私の祖国・日本で行われるオリンピックに、外国選手団の一員として参加させていただいた。本当に恵まれていました」

栗津は、この「恵まれていた」という言葉を何度も繰り返す。いまでこそ、請われて、外国でスポーツ指導に当たる日本人はたくさんいる。しかし、この時代、そんな人間が何人いただろうか。しかも、祖国で「裏切り者」扱いされたわけではない。むしろ日本の柔道を、フランスをはじめヨーロッパ諸国へ広めた功労者として遇されたのである。もちろん、そこに至るまでには幾多の苦難があった。それを乗り越えたからこそ、自分は「恵まれていた」と言える心境になれたのであろう。

栗津は西郷南洲《さいごうなんしゅう》作の漢詩を好み、時にそれを吟ずる。その中に、栗津の座右の銘ともいうべき「雪に耐えて梅花潔《きよ》し」という一節がある。雪に耐えている梅の花であればこそ、清く美しい。

柔道競技は、日本武道館で二十日から四日間の日程で始まった。軽量級、中量級、重量級、そして無差別級の四階級であった。フランスからは四選手が出場。中量級に出場したリオネル・グロッサン選手だけが唯一、予選リーグを勝ち抜き、決勝トーナメントへと勝

東京オリンピック開会式の前日、選手村を訪れた中山正善。
右隣はヘーシンク選手（1964年10月9日）

ち進んだ。しかし健闘むなしく、準々決勝で、優勝した日本の岡野《おかの》功《いさお》選手に敗れた。軽量級と重量級も、日本選手が優勝した。

最終日の無差別級には、フランス選手は出場していない。しかし、ここで粟津のオリンピックが終わったわけではなかった。誰が最初の無差別級チャンピオンに輝くかは、世界の柔道関係者、とりわけ日本柔道界にとって非常に重大なことであり、粟津にとっても大きな関心事であった。

無差別級には九カ国から九人が出場した。まず、三人ずつ三チームに分かれ、リーグ戦が行われる。これを勝ち抜いた三人は準決勝へと駒を進める。さらにリーグ戦二位の三人で、敗者復活の総当たり戦が行われ、一位の者が準決勝へ進むことになる。

いかなる天の企てか、優勝候補のアントン・ヘーシンク選手と神永昭夫《かみながあきお》選手が、予選リーグで同じ組に入ってしまった。神永は、ヘーシンク相手に六分間フルに闘い、僅差《きんさ》で敗れた。しかし敗者復活戦を勝ち抜き、準決勝へ。準決勝もドイツ選手を退けて決勝へ進んだ。一方のヘーシンクは、予選リーグのもう一試合は七秒、準決勝もわずか十二秒で相手を退け、難なく決勝へ進んだ。

こうしてヘーシンクと神永は、無差別級決勝で再び相まみえた。

試合時間は十分。それは両者が両手を高く上げる形で始まった。神永は身長百八十センチあり、当時の日本人としては大柄だが、巨漢のヘーシンクに比べれば小さく見えた。

だが、このとき神永には、一つの秘策があった。それは、日本人コーチらと練りに練ったものだったに違いない。

ヘーシンクが得意とする「支え釣り込み足」は、相手が左足を出したところで放たれる。したがって、右へ右へ回りながら闘えば、ヘーシンクの得意技を封じることができる。こ

東京オリンピック柔道無差別級で対戦する、ヘーシンク（左）と神永昭夫（東京・日本武道館）〈時事〉

れによって勝機を得ようとしたのである。

確かに、その作戦は功を奏した。そのため試合は長引いた。

五分過ぎ。

ヘーシンクは「支え釣り込み足」から「押さえ込み」にかかったが、いま一つ決定打にはならなかった。

七分過ぎ。

今度は神永が「体落とし」を試みた。ヘーシンクの巨体が一瞬ぐらつき、場内がワーッと歓声に包まれた。

しかし、それが最初で最後の歓声だった。

徐々に疲れがたまって、神永の動きが鈍くなる。

八分過ぎ。

このとき、神永の体力は限界に近かった。苦しまぎれに技をかけ左足を出した瞬間、ヘーシンクの右足が飛び、神永の身体が宙を舞った。のちに映像で見ると、それだけで一本に近い切れ味だった。

あとは終息を待つだけだった。押さえ込まれた神永は、ほとんど身動きできぬまま、合わせ技一本で敗北した。予選に次ぐ、この日二度目の敗北である。深々と一礼するヘーシンクとは対照的に、神永は憔悴《しょうすい》しきった表情で柔道場を後にした。

神永の敗戦は、世界選手権での日本の敗北以上に衝撃的だった。

その一瞬、会場は凍りついた。日本柔道チーム監督である松本安市以下コーチ陣は、言葉もなくうなだれた。選手の中には涙する者もいた。

むろん、日本社会にも大きな衝撃を与えた。初めてオリンピックで柔道が実施された。しかも、パリの世界選手権とは異なり、柔道の本家本元・日本で、である。当然、テレビ中継がなされている。日本国民の目の前で、日本選手の敗北が見せつけられたのである。

栗津はフランスチームのコーチとして、会場でその光景を見ていた。栗津の反応は、一般の日本人のそれとは違っていた。栗津にとり、ヘーシンクの勝利はほとんど既定のものであった。

栗津は語る。

「ヘーシンクには、負けるべくして負けたんだと思います。まず、力や体格が違いました。柔道では『小よく大を制す』といわれますが、彼に関しては無理でしたね。おそらく、神永以外の選手が出ても結果は同じだったと思います。それだけ彼は強かったということです。だから、日本人が負けたからといって、特別ショックはありませんでした」

そして駄目を押すように、こう言う。

「外国人が勝ったということは、柔道界全体から見れば、むしろ良いことだと思いました」と。栗津ならではの感想である。

ヘーシンクを天理で育てたのは、ほかならぬ日本チーム監督の松本である。そのヘーシンクが、松本が率いた日本チームを破った。思えば皮肉なことである。

その松本の立場は、粟津の立場とかなり似ている。粟津もまた、微妙な立場に置かれていた。日本人柔道家としての出自を何よりの誇りとしながらも、外国人選手を鍛え上げ、日本人選手を倒すことを悲願としてきたからである。

果たして、ヘーシンクを天理に受け入れた二代真柱は、この結果をどのような心境で見ていたのだろうか。

第五章
天理柔道

天理教の進出

ここで、柔道と、天理教のヨーロッパ布教について述べてみたい。

東京オリンピックの前後から、ヨーロッパの柔道家が日本を訪れる機会が多くなった。とりわけ天理は、受け入れ態勢が整っていることもあり、その数は増えていった。

逆に、日本からヨーロッパ各国へ指導に行く日本人柔道家も多くなった。中でも、柔道人口が急増するフランスへ渡る者が相次いだ。そして天理教の布教師たちも、フランスへ進出してゆく。

実は、天理教の布教線は、ヨーロッパより先に、フランスの旧植民地であるアフリカ赤道直下のコンゴ共和国に伸びている。

それは一九六〇年の真柱の海外巡教時のことである。前述したように、フランスやイタリア、ギリシャなどヨーロッパ諸国を巡り、初めてアフリカの地に足を踏み入れた。そして、コンゴ共和国に滞在する。

なぜコンゴか。目的地は南アフリカのケープタウンであったが、当時、直行便はなかった。それでコンゴ経由になったのである。

そのとき、首都ブラザビルで乗り合わせたタクシーの運転手にアルフォンス・ノソンガという青年がいた。なかなかの好青年で、真柱は好感を持ったようだ。それでも、真柱一行が乗る飛行機が予定通りブラザビルを出発していれば、両者の交わりはそれで終わったであろう。

ところが、エンジンに不具合が発生し、搭乗機がブラザビルに引き返してきたのである。そこで両者は再び出会い、そのときノソンガが示した心尽くしに真柱が感じ入り、それが天理教との縁となった。そして一九六六年、天理教コンゴブラザビル教会が設立される。

一九六四年、二人の青年が横浜港から旅立った。一人はフランス、もう一人はコンゴに向かった。

前者が鎌田親彦《かまたちかよし》（のちの天理日仏文化協会初代会長、天理教パリ出張所三代所長）、ヨーロッパ布教の大役を任されての旅立ちだった。

そのころフランスに長期滞在している天理教関係者はいなかった。ヨーロッパ全体を見渡しても、イタリアやギリシャに二、三の日本人信者がいただけである。もとより、ヨーロッパ人など一人もいない。

鎌田はフランスに到着すると、天理教一れつ会（天理教子弟らに対する育英扶育制度）派遣の留学生ということで、まずは語学学校に籍を置いた。

翌六五年、その鎌田に援軍がやって来る。やはり、一れつ会派遣の留学生として送られた田中健三《たなかけんぞう》（天理教本荏《ほんえ》大教会三代会長）である。

奇しくも生年月日が同じという二人の奮闘が、ここから始まる。

教会本部からの送金は潤沢ではない。そのため別々のアパートに住むことはできず、二人で一部屋を借りていた。その暮らしは、爪《つめ》に火を灯《とも》す暮らしと言えるほどに困窮を極めた。

そのころ、鎌田が天理教海外部（当時は海外伝道部）に宛《あ》てた手紙が残っているので、その一部を紹介しよう。

「小さいガスコンロを買い、二日か三日に一度マーケットで買い物をして自炊生活を楽しんでいます。（中略）荷物を包んだ日本の新聞一枚一枚、しわを伸ばし、玄米茶をすすりながら読み返しています。その新聞を時たま訪ねる日本の友人がむさぼるように読んでいます。写真を送りたいと思いますが、焼き増し一枚が七十円でちょっと手が出ません」

荷物は船便で送られてくるので、それを包んでいる新聞は当然、一カ月前のものである。そのしわを伸ばしながら読み、さらにアパートを訪ねてきた友人が、それをむさぼるように読み耽《ふけ》る。たった一枚の写真の焼き増し代を出すに出せないほどの極貧ぶりであった。

ちなみに、鎌田、田中の両人は、一緒に暮らしていたことから同性愛者ではないかという噂《うわさ》まで立ったという。

粟津夫妻は、そうした彼らを自らの過去と重ね合わせながら、陰に陽に支えた。

やがて、一九七〇年に天理教のヨーロッパにおける布教拠点「パリ出張所」（現・ヨーロッパ出張所）が開設される。

パリ出張所は、パリの中心地から約十キロ南西に位置するアントニー市にあった。管轄地域は全ヨーロッパで、初代所長には西村勝嘉《にしむらかつよし》（現・天理教南安藝《みなみあき》分教会長）が就任した。

この出張所は、ほとんど信者も布教師もいない場所にいきなり設立された。それまでの天理教の海外布教の例で言えば、布教師や信者が個別にその国に入り、教線がある程度伸びたところで、系統を超えて信者が集まる場所として本部が拠点を設けるというのが常であった。ゆえに、天理教の従来の海外布教のやり方とは全く逆の形であった。

ヨーロッパを管轄する布教拠点が、ロンドンやベルリンではなく、なぜパリだったかといえば、地理的に西ヨーロッパの中心に当たること、柔道が盛んでフランス柔道と天理柔道の強い絆《きずな》が出来つつあったこと、さらには、先述したように、フランスの旧植民地であるアフリカ・コンゴ共和国（一九七〇年にコンゴ人民共和国に改名。九一年にコンゴ共和国に名を戻す）に教線が伸びつつあったこと——などが挙げられる。パリはコンゴへのビザを取得する所であり、飛行機の乗り継ぎ地でもあった。

一九七六年になると、パリ出張所は二キロほど北の現在地へ移転する。さらに翌年、隣家を買収し、出張所を拡張した。これで土地全体の広さは約一千平方メートルとなった。

現在の天理教ヨーロッパ出張所。目の前に電車の駅（La Croix de Berny 駅）があり、パリ中心部分まで約25分

二棟のうち、一棟の二階を改造し、神殿とした。上段は一坪半のスペースに九つの鳴物を置き、おてふりは辛うじて六人が並べる広さ。参拝場は十五人も入れば満員となる。一般教会のように三社（親神様《おやがみさま》、教祖《おやさま》、祖霊《みたま》様の各社《やしろ》）はなく、中央に親神様が祀《まつ》られているだけであった。正直言って狭い。そして教線も、まだ細い。

ともあれ、ここに天理教のヨーロッパ布教の基礎はできた。

その後、八九年にさらに隣家を買収して拡張。これで三軒分の広さとなった。そして九〇年には、旧神殿棟を解体し、跡地に現在の神殿が建築された。これで、およそ百人が収容できる参拝場となった。同時に、名称も「天理教ヨーロッパ出張所」となった。

出張所が開設された翌七一年に、今度はパリ市十四区ダンフェール・ロシュロール地区に天理日仏文化協会が設立された。

ここでは、フランス人に日本文化を教え、広めることになる。こうして宗教的アプローチと文化的アプローチを完備した伝道の態勢が整った。

これは、世界で最も洗練された文化を自認するフランスへの布教戦略として、きわめて有効な方法だった。

文化協会設立の目的は、日仏の相互理解を深めるためである。設立当初の具体的な活動としては、大別して二つあった。一つは、フランスの社会人に日本語を教える語学教育、もう一つは、茶道、華道、書道、将棋や日本映画鑑賞会、日本語図書館などの文化活動である。書道は、ほかならぬ、粟津夫人の民枝が教えることになった。むろん民枝は素人ではない。「青潤《せいじゅん》」という号を持つ、立派な書道家である。民枝の書道講師は、文化協会が現在地へ移転する二〇〇〇年まで続いた。

協会設立に当たっては、当初「フランス家庭向きのベビーシッターをやったらどうか」などの意見も出たが、最終的には「日本語学校がいいだろう」との結論に落ち着いた。

これは正解で、二〇〇〇年にシャトレー・レアール地区の現在地へ移転してからも、語学教育は協会の目玉となっている。現在では社会人に加えて、子供を対象にした日本語教室、また日系人対象の国語、在仏日本人に対するフランス語教室がある。さらに旧来の茶・華道、書道教室をはじめ、各種文化講座も充実してきている。図書室は格段に大きくなり、美術ギャラリーも設けられ、そこに舞台芸術も付け加わることになる。現在は一千人近くが会員登録している。

協会の活動には一切の宗教活動が含まれない。だから協会を訪れるフランス人たちも、ここが宗教団体によって設立されたとはほとんど知らない。

それは、フランスがライシテ（宗教と世俗の峻別《しゅんべつ》）を国是《こくぜ》とすることにも依《よ》っているが、何よりも天理教団自身が、その方針に基づいて運営しているからである。

現在、文化協会は、在仏日本人の社交の場であり、日本に関心を持つフランス人の溜《た》まり場ともなっている。日本語や日本文化を習いたいフランス人、あるいは国語を学ぶ必要のある子供を持つ在留日本人で、「天理」の名を知らぬ人は、ほとんどいないだろう。

道路左側手前が天理日仏文化協会。パリの中心部、1区にある。入居している建物は17世紀に造られた歴史的建造物

ヨーロッパ出張所は「天理教のヨーロッパ布教の最前線」、文化協会は「日本文化を知らしめ、理解させる」という異なる役割を果たしながら、現地教友の全面協力を得て今日に至っている。

そして出張所と文化協会、双方の天理教スタッフにとって、粟津夫妻の存在は誠に大きいものがある。

設立当初から今日まで、両施設に従事する日本からの天理教のメンバーは、ほぼ全員が一度は粟津の家に招かれ、懐かしい日本食の接待を受けている。その食卓では、今後の布教方法や文化活動のあり方について語らいがなされたこともあった。彼らにとって粟津夫妻は、有形無形の支えであり、頼れる相談相手であった。そうした協力は、粟津にとっては、二代真柱の恩に報いるという思いであったに違いない。

天理柔道への憧れ

では、ヨーロッパから天理へ向かった柔道家たちはどうであったか。

すでに述べたように、アントン・ヘーシンクをはじめ、短期では、フランスからパリゼやクルチーヌが修行に来ている。イギリスからは、のちに国際柔道連盟会長となるパーマーも天理道場の扉を叩《たた》いている。

長期の留学生として、最も早く天理に来たのは、一九五八年五月から六一年三月まで滞在したイギリス人のジョン・ニューマンである。彼は天理大学専科日本語科（現在の天理教語学院の前身）に籍を置き、日本語の習得と柔道の練習に精進した。東京オリンピックでは、イギリス柔道チームの監督を務めた。

その後、ニューマンは、母国イギリスで、やはり天理ゆかりの柔道家であるトレバー・

レゲットの後を継いで、ＢＢＣの日本語放送部長を務める。天理滞在中、柔道だけでなく日本語も立派に修めたのである。ちなみに、ＢＢＣはその後、日本語放送を廃止し、ニューマンは最後の日本語部長となった。

六一年からは、のちに東京オリンピックで銀メダルに輝いたドイツ人、ヴォルフガング・ホフマンが、やはり留学生として天理に滞在した。ホフマンは、のちに西ドイツ柔道チームのコーチを務めることになる。

彼らは志願して天理にやって来たのであるが、いろいろな面で苦戦したようだ。

ここで、パトリック・ビアルとセルジュ・フェストの天理での思い出を記そう。どちらもフランスを代表する柔道家である。

両者とも現在、フランス・ナショナルチームのコーチを務めている。現役時代は、国内選手権はもとより、ヨーロッパ選手権や世界選手権の常連であった。ビアルはミュンヘン五輪、モントリオール五輪のフランス代表になり（前者では四位、後者では銅メダルを獲得している）、一方のフェストも、メキシコ五輪で柔道が採用されなかったため代表にはなれなかったが、その実力は十分メダリストに相当する。

二人の柔道との出会いは、次のようなものであった。

まずは、ビアルから。

「兄がハンドボールをやっていて、その練習に付いていったとき、横にタタミが敷いてあり、興味を惹《ひ》かれましたね。白い柔道着がとてもきれいに見えました。また、デモンストレーションで見た形《かた》も美しく、すぐに習いに行きました。十歳のときです。

粟津先生と初めて会ったのは一九六五年で、セルジュ（フェスト）は、その少し前に会っているはずです」

次いで、フェスト。

「私も十歳で柔道を始めました。パリにやって来たとき、たまたま家の傍《そば》に柔道場があって、そこへ通うことにしたのです。パトリックと同じく、白い柔道着を着て、とても嬉《うれ》しかったのを覚えています。

先生はジャンジリーというフランス人柔道家でしたが、この人は粟津先生をマルセイユで迎えた人でもありました」

パトリック・ビアル

そのころのフランスでは、まだ柔道が入ってきて間もないころだったので、いろいろな噂《うわさ》が飛び交っていた。

いまでは信じられないことであるが、柔道は新宗教の一派（セクト）だとされ、「気合を入れたら人を殺せる」などと言われていた。また、女性にとっての〝護身術〟とされ、エリートにとっては柔道の中に日本の文化や哲学を見いだそうとする者も多かった。

このように、柔道はフランス社会の上層部で流行《はや》りだしたため、柔道のデモンストレーションにはホテルが使われ、それを見学する人もネクタイを締めた人が多かったということは、すでに述べた通りである。

二人が柔道を始めたのは、そんなころであった。

以下は、二人が異口同音に語った天理での経験である。

まず二人が驚いたのが、その練習方法だった。

朝起きるとランニング、それに腹筋が加わる。

フランスのクラブでは、そうした練習は全くなく、ましてや朝から腹筋など考えられなかった。

セルジュ・フェスト

ただ、二人は足が速かった。いつも先頭でゴールしていた。そのあおりを食ったのが日本人選手だった。岡野《おかの》功《いさお》（東京オリンピックの金メダリスト。当時、天理大学柔道部師範）がイラついて、遅れてきた日本人に「おまえら、もう一周走ってこい」と活を入れることもあった。

そのため日本人選手たちから「スロー

リー、スローリー（ゆっくり、ゆっくり）」とスピードを落とすよう懇願されたという。

また、日仏の対抗戦では、天理側が一、二年生を中心に出場メンバーを組んでくるため、天理が負けることが多かった。そのときも、負けた選手たちは松本から厳しく叱《しか》られていた。外国人と練習する日本人も大変だったのだ。

朝練が終わると、ようやく朝食にありつける。

だが、それほど休息はない。

十時からは技の稽古《けいこ》。そして、四時から六時まで乱取り。これが練習のメーンであり、一番苦しかったようである。

当時、フランスから来た二人は、ヨーロッパの強豪として鳴らしており、それだけの誇りもあった。

だが、日本では、その自信はどこかへ消し飛んだ。日本人相手では歯が立たなかったからである。そんな中での乱取りである。これは確かにきつい練習だったろう。

これだけみっちりしごかれると、まず余力は残っていない。しかも相手は、自分たちよりはるかに強い相手ばかり。一日の練習が終わるころには、精も根も尽き果ててフラフラの状態だった。

もう一つ、厳しかったことがある。

それは、当時の柔道場が、真冬にもかかわらず開けっ放しだったことである。そのため青畳は凍てつくほど冷たく、二人は震え上がったという。

また、フェストの泊まっていた宿舎には暖房が入っておらず、深々とした寒さには参ったようである。

では、フランスの柔道家から見て、日本柔道、ひいては天理柔道とはどのようなものだったのか?

それを聞くと、次のような答えが返ってきた。

「当初、私たちは日本柔道を常に目指していました。ところが、オリンピック競技になったために、スポーツ化されてしまいました。そうなると、元々の日本型柔道ではやっていけなくなったのです。競技スポーツになると、勝つことだけがテーマになります。だから、元々の精神を回復する必要があるのです。そうでなければ、柔道のアイデンティティーを失ってしまいますから。

また、柔道は社会貢献できるものでなければいけないと思っています。大多数の柔道をやっている人たちも、それを目指しているわけで、私たちもその枠組みを守っていこうと思っています。

そもそも、フランスの柔道人口六十万のうち、競技者はほんの一パーセントに過ぎません。あとの人たちは楽しみのために柔道をやっているわけで、スポーツというよりむしろ、それを日常的に活《い》かす文化に近い存在です。だから、勝ち負けだけが問題ではない。むしろ、お金儲《もう》けのためでもありません。

それが一番分かるのは、フランスの柔道教師を日本に引率していく場合です。彼らは競技者ではなく、オリジナルな観点から柔道を見ています。そんな彼らが、日本で柔道にふれると泣くのです。『夢が現実になった』ということでしょうね。日本へ行くということは、ある種の〝巡礼〟でもあるのです。

だから日本も、そういうイメージを壊さないでもらいたい。

天理柔道と、ほかの日本柔道との違いですか？　それは確かにありますね。まず組み方が違います。天理のは独特です。クラシックと言っていい。昔からの伝統が、まだ残っているせいでしょう」

　粟津は言う。

「天理へ行けば、練習設備は整っており、近くに宿舎もあります。それが大きい。東京では、宿、食事、練習と、それぞれの場所に車で移動しなければなりません。天理は本当に環境が良かった。そして、真柱様が面倒を見てくださった。真柱様は、外国人によって天理の選手も鍛えられると思っておられましたから、多くの柔道家を受け入れてくださいました」

　つまり天理の柔道は、環境の良さと心身練磨の厳しい訓練が調和的に融合しているのである。

　その背景に、意識的ではないにしろ、信者たちのバックアップがあったのは言うまでもない。

　普通、天理に来た外国人選手たちは信者詰所に泊まる。そこには老若男女がいて、たとえ言葉は通じなくても、たとえば気さくなお年寄りは「ああ、ほんに遠い所から、よう来はったなあ。まあ、お茶でも一杯」と、だいたいこうなる。

若い者なら缶ビールを出してきて、ちょっとした飲み会になる。とりわけ歓送迎会ともなると、大いに盛り上がる。ここでは偉大な選手の名声も、ほとんど関係がない。

要するに、温かい民宿に泊まったような気分になるのであろう。

厳しい練習でしごき抜かれた後だけに、これは絶好の癒《い》やしになる。一般のホテルでは味わえない、心のふれあいがある。これが、天理が好まれる理由であろう。だから、リピーターが非常に多い。現在、フランスからだけでも年間二百人ほどの柔道家がやって来る。

ところで、天理柔道最大の庇護《ひご》者である二代真柱は、柔道と天理教の教えについて、次のように述べている。

「天理教の『陽気ぐらし』が、柔道にも通ずるんだ。持てる力をフルに発揮すること、そしてあくまでフェアであることが根本だが、ここにはじめて、相手も共に喜び合える試合が生まれるだろう。だれもが喜び、楽しんで毎日を暮らすことを念願する〝陽気ぐらし〟と、道は一つだ」（『六十年の道草』「スポーツニッポン・真柱にきく」）

この言葉から、なぜ外国人選手が天理に来たがるのかが、よく分かるであろう。

そこには、フェアプレーに徹し、持てる力を発揮したとき、優劣の差を超えて、自他共に喜びを味わえる境地がある。むろん、そこに至るまでには厳しい練習を要することは言うまでもない。

それは粟津も感じており、次のように言っている。

「人間は環境で作られる、と私は思っています。武道には礼が大事ですが、天理に行けば、何事も礼をすることから始まる環境があります。これは人間本来の姿です。私自身は、天理に行ったら必ず町に入った途端に礼をします。祈るという気持ちを持てる町です。そうして道場に入る。道場は鍛える場所ですが、町全体にはお祈りをする環境がある。自然と礼ができる習慣を身につけることができますから、武道を学ぶ者にとって幸せな環境です」（『すきっと』第15号「わたしと天理・スペシャル」）

また、真柱が述べている陽気ぐらしと柔道の関係を、次のようにも話している。

「柔道を教えるのも、畳の上で、一対一で向かい合うということで言えば、日本人もフランス人も違いはありません。こちらが相手に向かって一つの行動を起こせば、相手は何か反応します。自分が柔道を楽しんでいれば、相手にもその楽しさが伝わり、それに対する反応があるんです。相手に『柔道は楽しい。もっと楽しめ』といくら強制しても無理です。自分が楽しんだら、相手も楽しい。つまり、無欲です。それが大事ですね。言葉ができなくても、その心は必ず伝わります。そうすると、良い人間関係ができてきます。（中略）二代真柱様が教えてくださった『陽気ぐらし』は、いつも胸にあります。生きていればいろんなことがあります。でも、何も悲しむ必要はない。日々楽しんだらいい。その楽しむ心に応じて、自然と道は拓《ひら》けていくという気持ちですね。やるべきことはやる。そしてみんなを楽しませる心があったから、いままでやってこられたのだと思います」（前掲書）

粟津の言葉に嘘《うそ》はないだろう。自他共に柔道を楽しむ心があったからこそ、今日までやってこられたのだ。

だが、それでもなお疑問が残る。

彼は京都一商時代を振り返り、こう述べていたはずである。「勝っても殴られ、負けても殴られた」と。

そこで、こう聞いてみた。

「では、その殴られ続けたことと、柔道を自他共に楽しむ精神とは、どこでどう結びついているのか」と。

実は、その質問の趣旨がうまく伝わらなかったのか、少し場違いな返答が返ってきた。それで同じ質問を二度してみたが、はっきりした返答はもらえなかった。いきなりの質問なので、少し戸惑ったのかもしれない。

これに関連して言えば、もう一つ似た疑問がある。

それは、後述するフランスの柔道家が「粟津先生の指導方針は、態度が良ければ、負けても決して責めなかった」と述べていた事実と、粟津が時に口にする「やるからには成績を上げなければならない」とする成果主義はどう折り合っているのかという疑問である。

このことについても、明確な答えは聞けなかった。

たぶん彼には、矛盾する二つの要素が混在していたのではないかと思われる。

好意的に解釈すれば、たとえ少々殴られようと、それを乗り越えて強くなれば、自然に柔道を楽しむ境地に達せられたのではないかということだ。もちろん現代では、殴るという行為は絶対許されるものではないが。

そこで、殴られ続けたという京都一商時代を見てみよう。粟津の場合には、殴る側（西師範）と殴られる側（粟津）の間に強い信頼関係があった。それは、西が合宿に同伴し、生徒（粟津など）を子供のように可愛《かわい》がっていたとする記述からもうかがえる。したがって、道場での殴り殴られの事実がたとえあったとしても、その関係は揺らがなかったと思われる。

しかも、それで強くなった一裔は全国制覇を成し遂げたため、そうした激しい訓練も報われたことになる。

これが、粟津の記憶に悪いイメージを与えなかった要因ではなかったか。それゆえ、右に挙げた矛盾は、粟津の中では、それほどの葛藤《かっとう》をもたらさなかったのであろう。

これはどうやら、外国人選手が天理に来たときに感じる思いと似ているようだ。

そもそも、真冬に素足で走らせる練習方法は理解できなかったに違いない。実際、いまの日本でも、そうした指導はなされていない。もしやれば、大騒ぎになる。

しかし当時は、そうした練習方法によって極限までの力が出て、精神的にも強化されていったことは事実である。それは、右の選手たちが「格段に力が付いた」と述べていることからも分かる。

柔道家にとり、強くなることほど喜びを感じることはない。その強さを獲得できた天理の猛練習は、ヘーシンクが評価した指導方法でもあったのだ。少々の不満はあっただろうが、それが表に出ることはほとんどなかったのもうなずける。

当時の天理は、良くも悪《あ》しくも極限までの訓練と自他共に喜び合える精神が相まって、ヨーロッパの柔道家を魅了していたのである。

天理の教えと柔道家たち

では、ヨーロッパの柔道家たちは、天理の教えにふれることはあったのだろうか。また彼らは、天理の教えをどのように受けとめていたのだろうか。

まずは、イタリア人の柔道家ブルーノ・カルメニ。彼は国内選手権を七度制し、ヨーロッパ選手権の常連で、オリンピックにも出場している。

柔道との関わりは、兄に付いて道場へ行ったのがきっかけだったが、当時の柔道場は板の間で、稽古着《けいこ》も軍服だった。戦争直後であったため、畳や柔道着が手に入らず、ありあわせの軍服でやっていたのだ。もし、そのままの状態が続いていれば、柔道にのめり込むこともなかったろう。

だが、その後、日本の柔道家が来伊したことから、カルメニの人生は変わってゆく。大《おお》谷《たに》憲知《のりとも》というその柔道家は、彫刻をやりながら柔道を教えていた。しかも、単に柔道の技を教えるだけでなく、日本の礼や精神も教えていたという。

カルメニは大谷の思い出をこう述べている。

「立派な先生でね。私は早くに父を亡くしていたものだから、大谷先生が父親代わりだったんです」

ブルーノ・カルメニ

そのカルメニが日本へ最初にやって来たのは、東京オリンピックに向けて天理で練習するためだった。そして、オリンピック出場を果たしたが、予選の二回戦で惜しくも敗退する。

カルメニの本当の柔道修行は、ここから始まる。大谷が二代真柱と知り合いであったため、天理で柔道修行を続けることが決定した。日本語を学びながら、さらに二年間、天理に留《とど》まった。

そのとき彼は、初めて天理の猛練習に遭遇する。

松本に急な坂を駆け上らされ、少しでも遅れると容赦なく怒声が飛んできた。

「松本先生は、それは立派な先生でしたが、練習は大変だった。正直、逃げ出したくなるほど苦しかった」というのがカルメニの感想である。

だが、そこは、イタリア柔道のパイオニアである。そうそう音《ね》を上げるわけにはいかない。

柔道の師範たちも、「おまえは本格的に柔道を学びに来た初めてのイタリア人だ。そのおまえが、しっかり学んでいかなかったら、後に続く者がいなくなる。だから、ぜひとも頑張れ」と激励した。

また、真柱もたびたび道場を訪れて、「日本での生活はどうだ？ 困ったことはないか？」と尋ねたという。

「非常に親切な方でしたし、大らかに包んでもらったという感じです」と述懐する。

そうした励ましを胸に、練習に励むカルメニだったが、言葉が通じないことには困り果てた。

日本語を勉強しているといっても、まだまだ未熟で、意思疎通にはほど遠い。加えて、道場での外国語はせいぜい英語しかなく、説明を受けても皆目分からない。

したがって、皆がやっている通りにやるしかなかった。身体がヘトヘトになっているうえに、言葉が全く通じない。これには、かなり参ってしまった。

だが、それでもカルメニは頑張り通す。

朝練を終え、天理大学専科日本語科に通い、それが終わると道場へ直行し、そこで乱取り。夜は夜で天理高校の柔道場で再び練習。それを毎日繰り返した。ようやく日本語も、そこそこできるようになっていく。

その甲斐《かい》あって、イタリアへ帰国してから、実力とキャリアを兼ね備えた柔道界の実力者に成長していった。前述したように、現役時代は長くイタリア柔道界に君臨した。引退後もナショナルチームの監督を務め、いまは視覚障害者柔道連盟の会長を務めている。教え子の一人に目の不自由な人がいたことがきっかけだったという。

また、昇段試験や師範・審判のマニュアル作りも手がけている。文字通り、イタリア柔道界のパイオニアといっても過言ではない。

むろん、彼の指導を受けた柔道家は数多い。

カルメニの妻アイダ・ゲマティもその一人で、ヨーロッパ選手権で七度優勝し、世界選手権でも四度優勝した名選手である。

実は、この二人、天理教のようぼく（別席という神様のお話を九回聞いて、病だすけの手だてである「おさづけの理」を拝戴《はいたい》した者）である。カルメニは、日本にいたころすでに天理教の教えを学び、先にようぼくになっていた。その後知り合った妻も、二〇一三年に天理で教えの話を聞き、夫婦そろってようぼくとなった。

カトリックから転向したことになるが、そのことについて聞いてみると、次のような答えが返ってきた。

「私たちは、生まれた時にはカトリックであったわけですが、人生はやはり自分で決めなければならないものです。ですから、私は天理教を自身で選んだということです」

そのカルメニの粟津評。

「粟津先生とはヨーロッパ選手権で何度も会っています。立派な先生です。技はもとよりですが、人間的にも大変立派な先生です。年を取ると、心が硬直しがちですが、先生はずっと柔らかいままでおられます。日本の柔道家は指導するとき、柔道着を相手に持たせないのが普通ですが、粟津先生は皆に持たせて教えておられました。人に接する態度も素晴らしく、指導の仕方も丁寧でした」

次いで、柔道についてのヨーロッパと日本の違い。

「ヨーロッパの柔道は勝つためのテクニックを教えます。つまり、いかに試合でポイントを取るかを教えるのが普通です。対する日本柔道は、『道』という言葉があるように、人間が生きる正しい道を教えてくれました。ただ、いまの日本人選手を見ていると、『道』を忘れ、ヨーロッパ的になっているような気がします」

カルメニは、いささかヨーロッパ柔道に批判的であるようだ。一九六〇年代の日本で柔道修行をしたせいか、いつしか日本人以上に日本的な柔道家になっていたのかもしれない。

スイスから来たフレデリック・キブッツの一文を紹介しよう。キブッツは、ミュンヘン・オリンピックにスイス代表で出場している。その後、スイス柔道連盟の役員を務め、現在は国際審判員として活躍している。

キブッツの著した文章からは、激しい練習に悪戦苦闘している様子がうかがえる。

「少なくとも日本人、外国人を問わず新入生のすべてが練習の一カ月目で七キロから十キロ程痩《や》せてしまったということは言っておきたいと思います。（中略）練習後に何も考えられず、ただ寝ることだけを思う程疲れるまで、何回も何回も自分たちの力の持ち得る可能性の限りを試させるように練習させる」（『天理柔道史』）

一カ月に七キロから十キロもやせるほどの練習。これは並大抵ではない。それほど激しかったということだ。

それは粟津も認めており、次のように言っている。

「松本先生の指導が、大変厳しかったのです。迫力が違いました」と。

だが、天理で練習した者は、その厳しさを言うと同時に、その効果のほども異口同音に語っている。

「この練習を通して私たちはより一層自分に自信がつき、力がつき、また強い意志を持てるようになり、それと共に礼儀や友情など、毎日の生活に大切なものを学び覚えたのでした」（前掲書）

やがてキブツは、日本で知り合った女性と結婚し、二人とも天理教の信仰者（ようぼく）となっている。

彼らと同じく、柔道をきっかけに天理教に入り、教会長にまでなったフランス人がいる。天理教ボルドー教会初代会長、ベルナール・シュードルである。シュードルは、早くから柔道を始め、数々の戦績を残したことでフランス政府の国費留学生となり、一九六二年に来日している。

当初は早稲田大学へ進む予定だったが、彼の柔道の師・道上伯《みちがみはく》が二代真柱と懇意であった関係で天理大学に入学した。

その練習は想像以上に厳しかった。体重がみるみる減っていき、練習に付いていくだけでやっとだった。

ここまでは、先のカルメニやキブツと同じである。彼らも異口同音に体重が急激に減ったと証言している。

ただ違ったのは、私生活であった。なんと、天理大学留学中に知り合った河合《かわい》愛枝《よしえ》と結婚したのである。

これが人生を変えてゆく。

シュードルは、一度フランスに戻った後、天理で柔道修行をするために一九六九年、再び家族（夫人と子供）を伴って来日する。

そのときのことである。慣れない暑さにやられたせいか、子供が熱中症にかかってしまい、天理よろづ相談所病院「憩《いこい》の家」に担ぎ込まれる。四〇度を超える熱が続いたということだから、かなり深刻な状態だった。それを知った、ある天理教の教会長夫人の導きで別席を運び、ようぼくとなる。そして、子供の病気も全快した。

二人が喜んだのは言うまでもない。帰仏後は、自宅に神様を祀《まつ》ることを心に決める。六年後、その夫人が来仏した折、神様をお鎮めした。

そして、七八年には家族六人で天理を訪れ、修養科（三カ月間、親神様の教えを学び、実践しながら、人間の本当の生き方を学ぶところ。満十七歳以上であれば、老若男女の別なく、学歴、経歴、職業を問わず、誰でも入ることができる）に入る。

このころから、弟をはじめとして柔道の教え子などへも道が広がり、中には別席を運ぶ者も出て、翌七九年、シュードルを所長とする天理教ボルドー出張所が開設される。

その出張所は、一階に柔道場を設け、そのほか合気道・空手・日本語学校・囲碁クラブ等の活動を担う日仏文化協会を設立する。

八六年一月二十六日、天理教教祖《おやさま》百年祭が勤められたちょうどその日に教会名称の理を頂いた。

これは、ヨーロッパ初の天理教の教会、初の欧米人教会長の誕生ということで話題となった。

現在は、弟のジャンポール・シュードルが三代会長となり、教会を切り盛りしている。ジャンポールもまた、兄に続いて柔道を習い、これを機に入信した。

彼は、道場で親しくなった者たちに教理を話したうえで、二階の神殿に招き入れるという。柔道での信頼関係（師弟関係）をもとに、自然なかたちで布教伝道しているようだ。

柔道を通じて入信するという典型的なパターンである。

むろん、ほとんどの柔道家は入信しない。先に紹介した、フランスを代表する柔道家のフェストは語っている。

「天理教についてですか？　もちろん敬意は払っています。けれど、勧誘もされませんでしたし、深くコミットもしていません。私たちの目的は、あくまで柔道だったわけですから。

ただ、信者さんたちと接して感じるのは、いつもにこやかで、宗教が違っても、人間としてきちんと付き合ってもらったということです。また、真柱にもよくしていただき、小さなやかたを象ったお土産《みやげ》をもらい、すき焼きパーティーでもてなしていただきました。三代真柱にも招待していただき、大変光栄に思っています。普通の日本人には、そうしたチャンスはあまりないはずですから」

このように、柔道の研修で天理に来た外国人が、信仰を強要されることは全くなかった。信仰の道に入った者は、それぞれ自分自身の意思で入ったことが分かる。

天理からヨーロッパへ

一方、天理からヨーロッパへ旅立った柔道家について見てみよう。

まず、先に記した古賀正躬がいる。古賀は図らずも病で帰国を余儀なくされるが、その後、天理大学の監督に就任し、数多くの選手を育てた。

また、伊藤武憲《いとうたけのり》、山下吉将《やましたよしまさ》、井出仁《いでひとし》、平野亮策《ひらのりょうさく》、松室重光《まつむろしげみつ》、四宮博範《しのみやひろのり》、村上清《むらかみきよし》、片西《かたにし》裕司《ゆうじ》などが天理柔道の名を背負い、続々と渡仏していった。

このうち山下は、当初派遣されたフランスからスペインへと活動場所を変え、柔道指導を続けてゆく。よほどスペインが気に入ったのか、やがてこの地に居を構え、現在はバルセロナで日本レストランを経営している。ただ、天理のことは決して忘れず、ことあるごとに「天理にご恩返ししたい」と話している。

四宮、片西は、その後スイスへ柔道指導に赴くが、それぞれ現地の女性と結婚し、当地で柔道指導に当たっている。

平野は、南仏のマルセイユで長年指導した後に日本へ帰国し、大阪体育大学で柔道を教えた。

村上は、フランス女子ナショナルチームのコーチを務め、その後、全日本柔道連盟に勤めた。

ちなみに、彼らの多くは当初、二年契約で赴任していた。

もとより、天理以外の大学からも多くの柔道家が渡欧している。明治、同志社、日大、中央などの各大学であるが、天理出身の柔道家が最も多かった。

彼らの渡仏に当たっては、すべて粟津が仲介役となった。

片西は言う。

「粟津先生は、長年フランスチームを連れて天理大学で合宿され、一方、天理出身の指導者をフランスに迎え入れ、天理柔道をフランスはもとよりヨーロッパ中に広められました。天理柔道にとって〝恩人〟とも言うべき先生だと思います」

右に挙げた顔ぶれのうち、多くは二代真柱の出直し（逝去）後に派遣された面々だが、帰国後の進路という不安材料を抱えながらも、天理から多くの指導者が派遣されてきた背景には、二代真柱の変わらぬ方針があったという。

「二代真柱様は、『どんどん外へ出てゆけ』とおっしゃり、柔道を通して外国へ行くことに大賛成してくださいました。それゆえ、ボネモリ氏など、フランス柔道連盟側も頼みやすかったと思います」と粟津は証言している。

一方、粟津のルートではないが、その後、萩原信久《はぎわらのぶひさ》や細川伸二《ほそかわしんじ》（ロサンゼルス・オリンピック金メダリスト）もフランスへ渡っている。

萩原は、ルーアン近郊の道場で長年柔道指導に携わり、その後、パリの日系企業に勤めてビジネスマンとしても活躍してゆく。

細川は、日本オリンピック委員会から派遣され、一年間パリにいた。現在は、天理大学柔道部師範、また全日本柔道連盟国際委員長も務めている。彼は、オリンピック三連覇を果たした野村忠宏《のむらただひろ》の〝育ての親〟としても有名である。

このように、四宮、片西、萩原など、いまなお天理出身の柔道家がヨーロッパで活躍している。そして、その任地から有望な選手を天理へ送っている。

そして、現在――。

天理からまた一人、若い柔道家がフランスに来ている。

名を山本金太郎《やまもときんたろう》という。

山本は、いままで挙げたような著名な柔道家ではない。そもそも、柔道部内の予選すら勝ち上がれなかったため、公式戦への出場機会はほとんどない。

しかし、話を聞いてみると、それもよく理解できた。

天理大学柔道部は日本有数の力を持つ。したがって、セレクションで入ってきた強豪が大勢入部してくる。そのため、対外試合の個人戦出場資格を得るだけでも、年に一度の校内予選を勝ち抜かなければならない。

これは容易ではない。一度チャンスを逃してしまうと翌年まで待たねばならない。事実、山本は四年間在籍しながら、一度も対外試合の出場資格を勝ち取ることはできなかった。

だが、それでも柔道を続けた。その背景には、海外で柔道指導をやりたいという夢があった。また、その夢を実現するため天理大学（柔道部）に入学してきたのである。

その夢が、ようやく実現しようとしている。

山本は細川を通じてフランスへ赴いた。そこで、「自分にもやれることがある」という手応えを得て、いったん日本へ帰国する。

その後、半年ほど天理で過ごし、再びフランスを訪れた。

フランスには天理から派遣された者は多かったが、残念ながら、ロサンゼルスやハワイのような天理道場といったものが根づくことはなかった。筆者はヨーロッパ出張所長時代、何度かその設立を模索したが、難しかった。柔道があまりにも盛んゆえに、道場の数も多くあり、経営していけるめどが立たなかった。仮に、「天理」の名でオープンすると、他の道場生を横取りすることになりはしないかという危惧《きぐ》もあった。

しかし最近、萩原が講師、山本がアシスタントとなって、天理日仏文化協会の活動として、別の道場を借りて、柔道教室を開講することが決まったのだ。

かくして天理柔道教室は、パリにデビューした。

天理の柔道家たちへ、粟津はこう語る。

「天理出身であるからには、それをしっかり意識する必要がある。天理は柔道家のモデルでなければならないからだ。したがって、単なる強さだけでなく、日ごろの行動や所作までも十分気をつけなければならない」

几帳面《きちょうめん》な粟津らしいアドバイスだ。

萩原は「粟津先生は、海外において生涯、嘉納師範が構築された教育としての柔道の継承に尽力されました。その意志を、われわれ天理柔道の在外指導者が引き継ぎ、柔道を通じて国際親善に寄与できればと思っています」と述べている。

これまで、天理とヨーロッパの柔道を通じての交流を語ってきた。両者は、さまざまな行き来を重ねながら現在に至っている。

粟津はそのことを、次のように述べている。

「ヨーロッパ各国には天理でお世話になった選手が、今では指導者として存在しており、この人達を点として、天理出身の柔道人が海外に出掛けて交流を深めることは、二代真柱様のご遺訓に報ずる道ではないかと考えます」(『天理柔道史』)

第六章
柔道人生

なぜ、フランスなのか

それにしても、と思う。なぜ、これほどフランスに柔道が根づいたのであろうか。筆者は、亡きアントン・ヘーシンクに何度か会う機会があったが、彼は「柔道において、フランスは特別な国です」と話していた。なぜ〝特別な国〟になったのだろうか。その理由を考えてみたい。

筆者は、柔道についてはずぶの素人であるが、私見を述べることをお許しいただきたい。

まず、川石メソッドが挙げられる。練習期間の長さに応じて帯の色を変えるというやり方が、フランス人の性格に合ったのではないか。フランス柔道界を眺めると、とりわけ子供の数が多い。彼らは、次の階級の色帯を締めるのを目標に練習に励んでいる。

第二の理由として、フランスと日本は両極にある国ではないかということである。フランスでは小学校から大学まで、入学式や卒業式がない。そういう儀礼的なものを、ことのほか嫌う国民性と言っていい。

一方、日本ほど儀式を重んじる国はないだろう。学校では、入学・卒業式をはじめ、節目節目で常に儀式が執り行われる。それがなければ、日本人はどのように事を始め、終わったらよいのか分からず、戸惑う。それはスポーツでも同じで、たとえば高校野球では、試合の前後に両チームがホームベースを挟んで互いに礼をする。サッカーやラグビーなどでも、センターラインを挟んで、お辞儀をしてから始まる。あれはまさしく〝メード・イン・ジャパン〟だろう。柔道や相撲、剣道などの武道では、礼に始まり礼に終わる。茶の湯、禅なども儀式そのものである。

またフランスには、警察、軍隊など、ごく一部の組織を除いて制服がない。そういうものに縛られるのを極端に嫌う国民性なのだ。筆者は、フランス内務省の職員食堂で食事を取ったことがあるが、誰一人としてネクタイ、背広姿の人はいなかった。

一方、日本は〝制服大国〟である。学生はもとより、銀行員、役所の事務員、コンビニの店員、運送会社の社員など、至るところで制服が見られる（背広も一種の制服と言っていいだろう）。しかも、夏のスタイルや冬のスタイルに変えるときも、個人の感覚は全く考慮されず、ある日一斉に変える。おそらくフランス人から見れば、摩訶《まか》不思議な国だろう。

とにかくフランス人というのは、何らかの枠にはめられるのを嫌うのである。そういえば、フランスには市民連帯協約（ＰＡＣＳ）と呼ばれる制度がある。これは、いわば〝同棲《どうせい》届け〟である。つまり、事実婚を国家として認めており、最近は正式な結婚と事実婚がほぼ半々の割合を占めている。したがって婚外子も、新生児のほぼ半数いる。フランスは、世界で婚外子の率が最も高い国だ。要するに、結婚という儀礼の枠に縛られるのを嫌うのだろう。これについても、日本には一種の縛りとも言える「家」の概念があることにより、婚外子は先進国の中で極端に少ない。

柔道や茶の湯、日本料理、最近ではマンガやアニメなどといった日本文化が、殊のほかフランスで好まれるのは、このように日本がフランスの対極にある国だから、かえって興味をそそられるのではないか。

第三に、日本文化を子供の教育資源として位置づけている側面がある。筆者は以前、子供に柔道をさせている何人かのフランス人の母親に「あなたは、なぜ子供に柔道を勧めたのか」と聞いたことがある。何人かの答えが「discipline（しつけ）」、つまり「柔道によって子供が規律正しくなる」というものだった。

フランスも他の先進国同様、若者の非行が大きな社会問題となっている。しかし学校には、いわゆる道徳の授業がない。校則も極めて緩やかだ。日本の学校のように「知育・徳育・体育」ではなく、「知育・体育」が学校がなすべき教育のすべてなのだ。

もともとフランスは「カトリックの長女」といわれるほど、キリスト教の信仰が盛んだった。だから倫理・道徳教育は、キリスト教の教会が請け負っていたに違いない。しかし近年、キリスト教の力が弱くなり、教会へ足を運ぶ人は、特に若者は大きく減っている。しかも、国是《こくぜ》であるライシテ、つまり政教分離が行き過ぎたために、教育から宗教を極端に遠ざけてしまった。その結果、規律を教わる機会がなくなり、柔道などの武道に、その代わりを求めているのではないだろうか。

確かに、フランスの中学校などでは、体育の選択科目として、柔道と並んで柔術を取り入れているところもある。日本の伝統を重んじ、道徳的信条を養いたいと考えているのではないだろうか。

フランスでは、男の子の習い事で柔道が一番人気だという

第四の理由としては、フランス人は日本文化に、神秘的なものを感じているのではないか。たった一枚の紙からさまざまな動物などを作り出す、折り紙に代表される指先の器用さ、印象派にも大きな影響を与えた浮世絵の豊かな表現力と微妙な色彩などは、フランス人から見れば、ほとんど神業に近いのではないか。現代では、武満《たけみつ》徹《とおる》の音楽や舞踏といった前衛芸術も大いに好まれる。それらに何かしらミステリアスなものを感じているのではないか。そして、大男が難なく投げ飛ばされる柔道や合気道も、その一つと受け取られているのではないか。

ただ、それらを考慮しても、柔道人口が日本の三倍を占めることの十分な説明にはなっていない。フランスの人口は日本の約半分なので、割合で言えば、日本の六倍という計算になる。

結論から言えば、要するに柔道という競技がフランス人の感性に合ったということなのだろう。日本でなぜ野球が盛んなのかを問われても、明確な答えを出せないのと同じである。

筆者が初めて渡仏した一九八四年ごろ、元天理大学監督の藤猪省太《ふじいしょうぞう》は、文字通り柔道界のスターであった。フランス人柔道家が藤猪を見ると、サインをせがみ、嬉々《きき》として握手を求めるのである。それは決して大げさな表現ではなく、かつて野球少年が王《おう》や長嶋《ながしま》に群がるのに似ていた。

藤猪は世界選手権で史上初の四連覇を成し、その最後がパリの大会であったということもあるだろうが、小柄な彼がキレの良い技で、大きな外国人を投げるのが、フランス人の目には殊のほか美しく映ったのであろう。藤猪は引退するまで一度も外国人に負けなかった。「柔よく剛を制す」は、フランス人にとっても憧れなのである。

橋渡し役として

世界最大の実践者を誇るフランス柔道。そのフランス柔道と日本柔道、とりわけ天理柔道との橋渡しをしてきたのが、粟津である。

フェストは以下のように述べている。

「粟津先生は、私たちにとって、時代の扉を開いてくれた人だと思っています。

また、先生は父親的な存在で、一つの理想像なのです。真っすぐな方で、非常に気配りをされる方です。長くフランスにおられる割には、言葉は上手でありませんが、善い事と悪い事をはっきりと伝えられます。あいまいなことは言われません。子供たちにとっても尊敬と憧れの対象で、先生に見てもらうと大変喜びます。

柔道の原則も明快で、たとえ負けても態度が良ければ、決して責められません。だから、勝ったということは、最終的な判断にされていません。精いっぱいやったというその精神を高く評価される方なのです。

いま、粟津先生はＩＪＦ（国際柔道連盟）から九段を授けられていますが、十段には至っていません。だから、フランス柔道界から十段を差し上げましょうかと申し出たことがありますす。すると先生は、『私は日本人だから』と断られました。でも、私たちから言えば、十段の資格が十分にある方だと思っています」

この言葉からも、フランス人柔道家たちが粟津を非常に尊敬していることがよく分かる。それを最も示しているのが、粟津が教えていたレーシング・クラブの柔道場に、その名が付けられていることである。そこには「DOJO SHOZO AWAZU」（粟津正蔵道場）と命名された看板が掲げられ、偉大な功績を称《たた》えている。ヨーロッパでは道路や広場などに偉人の名前を付けることがよくあるが、通常は死後のことである。生存中に名前を付けることは珍しい。ことほど左様に、粟津のフランス柔道界への貢献を高く評価しているのだろう。

だが、そこはフランス人である。粟津の人となりをよく観察し、それをユーモアたっぷりに語っている。

フランス人柔道家たちは粟津の姿勢に「日本」を見る

まず、話の種になったのが、粟津の寡黙《かもく》だ。

前述した通り、粟津はあまりペラペラとしゃべらない。もともとそうした性格であるうえに、フランス語はなおしゃべらない。フランス人家庭に招かれても無口で通し、下戸なので酒も飲まずに座したままだ。その分、民枝が会話を一手に引き受け、その場を取り持つことになるのだが、ここまで来れば相当なものである。

まだある。粟津は、ちょこまかと動かない。これは家の中でも同様で、縦のものを横にもしない。一度座ったら、ドーンとそこに座ったきりである。

そうした栗津の性格は、フランス人の間ではよく知れわたっているのだが、その彼らにして仰天したことがある。

ある研修会が終わったときのことである。

「栗津先生はもうお年だから、おまえ送っていけ」ということで、ジャンダルムリー(フランス憲兵隊)に所属する若い研修生が指名され、パリまで送っていくことになった。

その道中、栗津は一言もしゃべらなかったというのである。ただの一言も、である。その間、距離にして七百キロ。これには、栗津の寡黙を知っている者も驚き、仲間内の伝説になってしまった。

寡黙の理由として、栗津の性格と同時に、フランス語が得手ではないことも挙げられるだろう。ある日、子供たちの柔道指導をしているときだ。

「けさ固め」で押さえ込まれた子供に対し、栗津が「そるち、そるち」と叫んだ。本人は、「(固め技から)抜けろ、抜けろ」と言ったつもりだったが、Sortir(ソルチール。フランス語「出る」の不定形)の発音が悪くて、意味がよく分からない。しかも、この場合、正しくは変化して「sors」（ソール）となる。だから、言われた子供は困惑し、日本語で「そるち」とは「抜けろ」という意味だと、弟子たちが了解してしまったというエピソードである。

栗津は渡仏直後、語学学校（ベルリッツ）に週三回ほど通っていた。教室内では周りはすべてヨーロッパ人で、栗津一人が東洋人だった。

ヨーロッパ人にとり、フランス語はそれほど違和感がない。とりわけ、同じラテン系のイタリア人・スペイン人・ルーマニア人ともなると、フランス語などは地方の方言程度のものである。だから上達も早い。あるいは、スイスやオランダなど多言語国家の国民であれば、容易に外国語に習熟する。

それに比べて、栗津にとってのフランス語は、まるで別世界の言葉である。苦労するのも当たり前のことであろう。本人もそのことを重々知っており、「さして苦労もせずに、ぺらぺらしゃべる他の学生に比べて、全然しゃべれない私は、大変見劣りいたしました」と述懐している。

そのため、途中でフランス語の習得は諦《あきら》めて、ほったらかしにしてしまった。もともと柔道指導はやって見せればそれで済み、言葉が必要な場合でも日本語とフランス語のチャンポンで通じたため、何とかやっていけた。それが裏目に出た結果が、先の逸話なのである。

だが、多弁な人が多いフランス社会では、寡黙を貫く粟津の姿はかえって好感を持たれたようで、右の逸話でも悪意はない。

そもそも粟津は、絵に描いたような日本男児だ。フランスでも食生活は日本食で通し、粟津の誕生日には民枝が赤飯を炊く。彼岸になると、おはぎを作り、節句になれば人形も飾る。

昭和天皇の崩御のときのことである。当時、粟津の家では、日本で録画した番組のビデオが見られなかった（日本とフランスはテレビの方式が違い、日本で撮ったビデオを見るには、日本式ビデオ機器とテレビが必要であった）。ゆえに、天理教ヨーロッパ出張所で、日本から送られてきたビデオで「大喪《たいそう》の礼」を見た。背筋をピーンと伸ばして食い入るように見つめている。民枝が「そろそろ、ご迷惑だから帰りましょう」と呼びかけても振り向きもしない。普段は礼儀正しい粟津が、そのときだけは、人がお茶を運んできても、礼も言わない。粟津にとって天皇陛下が崩御されたということは、それほどのことなのだ。日本へ帰る飛行機ががらがらに空いており、周りは皆好きなところで横になっていても、粟津はまっすぐ前を向いて座っている。要するに、心身ともに古典的日本人なのである。

それがゆえに、寡黙であっても下戸であっても、尊敬を受けたのではないだろうか。

これと同じことが、フランスで禅を広めた弟子《でし》丸《まる》泰仙《たいせん》にも当てはまる。

弟子丸もまた、言葉ができず寡黙であった。しかし、禅を伝えるのに言葉は要らず、まずは無言で座って見せ、必要な場合だけブロークン・イングリッシュで意味を補足した。禅は柔道と同様に日本文化を代表するものであるために、彼もまたアイデンティティーにブレはなかった。それがかえって、フランス人には受けたのだ。

では、フランスの柔道家は、日本柔道に違和感はなかったのだろうか？

むろん、あった。まずそれは、先輩・後輩の間柄や人間関係に表れる。

フェストは言う。

「フランスで先輩というのは、よく物事を知って、後輩を助ける人のことを言います。日本ではそうではなく、封建的なセンスが残っているために、否定的な面を伴うことがたびたびあります。その場合、日本の柔道に暴力が伴うことも知っています。

ただ、暴力というとイメージが悪いのですが、練習時の厳しさは、やはり大事だと思います。

フランスは日本とは違いますが、やる気のない選手にペナルティーを課すことはありません。殴るなどという行為はしませんが、やる気がないなら『家に帰れ』と言うこともあります。もちろん、反省すれば取り消します。また、乱取りでも気合が入っていない場合は、もっと力を入れるよう厳しく指導します。

ただ、フランスの罰則は、監督・コーチと選手間のものであり、選手同士の間にはありません。その罰則も、あくまで決まった規則によるもので、それを超えた罰則は加えられません。そして相互の関係も、相手を敬うことを基本とし、下から上へ一方的に敬うという態度は取りません。

もちろん、フランスでも選手が逃亡するという事件もありましたが、だからといって、その選手に暴力を振るうことはしませんでした。そこが、日本と大きく違うところだと思います」

この点において、粟津の性格はむしろ、フランス柔道に向いていたのではないかと思われる。

細川伸二は「フランス人は伝統を好みます。天理にはそれが残っており、また粟津先生自身も、そういう雰囲気を持っておられる」と言う。

粟津とフランス柔道、そして天理、この三者は極めて相性が良いのだろう。

筆者自身、橋渡し役としての粟津の存在を、まざまざと感じたことがある。

ある年、天理に滞在しているフランス人柔道グループの中で、うまく皆に溶け込めない者がいた。滞在中、案の定グループ内で大げんかとなり、彼は八つ当たりして、何と消火器を投げつけて、宿舎である信者詰所のロビー入り口の大ガラスを割ってしまった。一枚八万円もするものだった。

もちろん引率者は、彼に即刻帰仏を命じた。手持ちのお金がないので、弁償についてはフランスに帰ってから送金することになった。

ところが、一向に送金しないのである。間に入った筆者は、何度も督促の電話をかけるのだが、のらりくらりとした返事である。半年以上待っても払う気配がないので、筆者は粟津に相談を持ちかけた。粟津は、事の次第を知り、大慌てでフランス柔道連盟の役員に事情を説明した。その役員は、すぐに本人に電話した。

「君のやったことで、今日まで築いてきたフランス柔道界と天理の関係が、すべてご破算になるかもしれないんだぞ。すぐに弁償しろ。でなければ、段位の剥奪《はくだつ》もあるぞ」と言ったという。その日、全額日本へ送金されてきた。

二〇〇八年、北京《ペキン》オリンピックに際して、フランス柔道チームは天理大学で最終調整を行い、北京に乗り込んだ。二代真柱をパイオニアとして始まり、粟津が引き継いだフランス柔道と天理柔道の交流は、いまなお続いているのである。

細川は言う。

「日本とフランス柔道の関係、すべてにわたって粟津先生が橋渡しをしてくださった。また、天理とフランスは切磋琢磨《せっさたくま》しながら強くなってきた。もし粟津先生という存在がなかったら、こういうふうにはならなかったでしょう。天理柔道が世界的に知られるようになった、その鍵《かぎ》となるのは、粟津先生という偉大な柔道家の存在でした」

別れ

一九六七年十一月十四日。この日、二代真柱が出直した。

その一報は、教内外を問わず衝撃を与え、出直しを惜しむ声が巷《ちまた》に溢《あふ》れた。

葬場祭が執り行われた十一月二十一日は、文字通り万余の人が詰めかけて、巨星の逝去を追悼《ついとう》した。秩父宮《ちちぶのみや》・高松宮《たかまつのみや》・三笠宮《みかさのみや》の各宮家からは供花が贈られ、佐藤栄作《さとうえいさく》首相（当時）らの弔辞が代読され、奥田《おくだ》良三《りょうぞう》・奈良県知事らが玉串を捧《ささ》げた。海外からもブランデージＩＯＣ会長やヘーシンクらの弔電が寄せられ、披露された。また、体育振興に尽くした功績により、昭和天皇から銀杯が下賜《かし》され、講道館からは名誉九段が贈られた。

とりわけ、奈良県は地元であるだけに、悼《いた》む声は全県に及んだ。県下二十七の種目別スポーツ団体をはじめ、県高体連、中体連、スポーツ少年団の代表ら千五百人が葬祭場に集結した。加えて、二十八日には、告別式とは別に市民追悼式が行われ、初の天理名誉市民たる二代真柱を悼んだ。

天理は文字通り、「スポーツ界の父」を送別する人々で溢れ返った。

では、そうした真柱の人となりは、どのように見られていたのだろう。教内で高い評価があるのは当然として、一般社会の評価は果たしてどうであったのか。ここに、それを平均的に表した清川正二《きよかわまさじ》が書いた文章があるので、紹介しよう。清川は、日本人初のＩＯＣ副会長となった人物である。

「天理教の中山真柱が亡くなられたと聞いて、驚くというより『しまった』という思いが胸をかすめた。なんとか出来なかったものだろうか、という気持ちだ。まったく惜しい人だった。

天理教という一宗教だけでなく、わが国のスポーツ界、文化界、いや、日本という国にとって、もっともっと生きて活躍して貰いたい人だった。悲しみに耐えない。つつしんで哀悼の意を表します。

『真柱』と初めて親しく話もし、その人柄に打たれたのは終戦後、初めてわが国がヘルシンキのオリンピック大会に参加することになったときだ。私は日本水泳チームのヘッドコーチとしての責任から大勢の候補選手を強化のために合宿させる施設がなく頭を痛めていた。

そのとき進んで天理教本部の建物を開放し、食事その他いっさいの世話をしてくださったのが『真柱』だった。おかげで金メダルこそとれなかったものの、古橋《ふるはし》、橋爪《はしづめ》選手らが活躍し、おおきな成果を挙げ、日本の水泳は再建の軌道にのることができた。以来私は『真柱』の信念と人柄に魅《み》せられ、親しくおつきあいさせていただいた。

敗戦日本の再建はたくましい若者の育成、スポーツの振興がおおきな役割を果たすというのが『真柱』の信念だった。『真柱』はそのことをひと言もいわず行動で示された。ひとり水泳だけでなく、柔道、野球、ラグビーなどが今日のように成長してきた陰には、この信念による『真柱』の働きがおおきな役割を果たしている。

また天理大学図書館に蒐《あつ》められた古今の古書、文献、世界でも類がないといわれているキリスト教関係の資料は貴重なものが多いと聞く。『真柱』の活動はこのほか病院事業など多方面にもおよび、教育、文化界に与えた貢献度ははかり知れない。『真柱』は偉大な宗教家であると同時に、類例のないスケールの文化人であった。私の知る『生神さま』はまたスポーツマンであり、読書家であり、学究であった。そして又《また》、酔って舞妓と手を組み、京の町をあるくさばけた野人で、ユーモリストでもあった。

東京オリンピック大会の柔道に優勝したオランダのヘーシング選手を受け入れて練習させたり、アメリカ水泳チームのキッパス監督と夜を徹して話のできた幅広い国際人でもあった。

中山真柱の死はひとり日本の悲しみばかりではない」（清川正二著『アマチュアスポーツとオリンピックの将来』「中山正善氏を悼む」）

また『みちのとも　二代真柱追悼号』には、三笠宮崇仁《たかひと》殿下をはじめ、石川達三《いしかわたつぞう》、保田与重郎《やすだよじゅうろう》、河上徹太郎《かわかみてつたろう》、今東光《こんとうこう》、松下幸之助《まつしたこうのすけ》、田畑政治《たばたまさじ》など各界の著名人が追悼の文章を寄せている。二代真柱が、スポーツ界のみならず、各界にいかに大きな貢献をしてきたか、この一事をもってしても明らかである。

そして二代真柱の功績は、出直しからすでに四十年余りたった今日も、なお輝いている。その一端を見ても、東京・染井《そめい》の地に二代真柱が建設した東京スイミングセンターから、北島康介《きたじまこうすけ》をはじめとする多くの水泳選手が輩出している。天理図書館は、世界にその名を轟《とどろ》かせ、いまも内外から多くの研究者が訪れる。天理よろづ相談所「憩《いこい》の家」病院は、その高度な医療技術と親身の看護で、わが国屈指の病院としてつとに知られている。

栗津は、日本からの電話で悲報を聞いた。

最後に会ったのは、出直す二カ月前であった。栗津は八月下旬から九月初旬にかけて、やや遅めの夏休みを取り、家族で日本へ帰った。栗津の手記を元に、真柱との最後の面談を追ってみよう。

八月二十二日、天理で真柱に帰国の挨拶《あいさつ》をした。そしてその日、昼食の招待に預かった。松本、飯田が同席している。

八月二十八日、今度は東京滞在中、再び真柱に招かれる。そして、浩三に腕時計をもらった。

九月七日、帰仏を五日後に控えて、家族で天理に向かい、真柱に離日の挨拶に行く。真柱は、そのとき腰痛で床に伏していたが、「よう来たな」ということで、枕元での面会が許された。むろん、そういう状況で長くは話せない。十分余りで退席した。これが最後となった。

そして十一月十四日、日本から訃報《ふほう》が入ったのである。

床に伏していたとはいえ、それほどの重病ではなかった。現に、その後も真柱は元気に教務をこなしている。だから、まさかこのような事態になろうとは予想もしていなかった。それだけに衝撃は大きかった。

粟津は、真柱のことを話すときは、常に言葉を詰まらせる。過去の交流を通じての思いが込み上げてくるのだろう。

「まだまだ元気で柔道のために働いてもらいたかった。また、何度も日本やフランスでお会いしたかった」

その思いが、とめどなく湧《わ》き起こってくる。

粟津は、いまでも天理へ足を運ぶたびに、二代真柱の墓参を欠かさない。天理の北の町外れ、豊田山にある真柱の墓からは、かつて天理の街が一望できた。いまは、木々が生い茂り、視界を遮《さえぎ》っている。そのことが、月日の流れを感じさせる。

栄冠

そんな粟津に、日本政府から叙勲の知らせが入った。一九九三年、長年にわたって日仏の交流に尽くした功績が認められ、勲五等旭日双光章が贈られたのである。粟津、七十歳の春であった。

粟津は受章を素直に喜んだ。日本政府が、自分の功績を認めてくれたのである。勲章は在仏日本大使館でも受け取ることができるとのことだったが、粟津は日本へ帰ることにこだわった。

日本に帰国し、外務省で叙勲式、そして他の受勲者とともに皇居に参内し、天皇陛下のお言葉を賜《たまわ》った。粟津にとって、ほかならぬ天皇陛下に拝謁《はいえつ》し、言葉まで掛けてもらえたことは、何にも勝る喜びであった。しかも、その日は五月十九日、亡き父の祥月命日であ

旭日双光章の叙勲式後、民枝と記念撮影。遠く離れた
祖国からの表彰は何にも勝る喜びであった

った。

先に述べたレーシング・クラブの道場が「DOJO SHOZO AWAZU」となったのは、この叙勲を記念してのものである。

さらにその六年後、今度はフランス政府が粟津の功績を表彰する。レジオン・ドヌール勲章の授与である。

この勲章は一八〇二年にナポレオンによって創設されたもので、大統領の決定のもと、政治・軍事・経済・文化・産業・創作等々に卓越した功績を挙げた民間人に授与される。これは外国人も対象になっていることから、いままで千五百人ほどの外国人が受章している。その一割ほどが日本人で、粟津も栄誉に浴したのだ。

粟津は、そのときすでに叙勲に値する資格を有し、フランス柔道界の推薦を受けていたため、事実上、授章は決まっていたも同然だった。それでも、過去の重みが詰まった受章には感無量の思いがあった。

奇しくも、授章の知らせは、今日までの粟津と天理の絆《きずな》を象徴するかのように、粟津がフランス柔道指導者講習会の受講者を引き連れて、天理滞在中にもたらされた。

ジャック・シラク大統領からの授章を知らせる書簡が粟津宅に届いた。留守番の民枝は、その吉報を天理教ヨーロッパ出張所を介して天理の宿舎へ送った。

書簡がファクシミリで届いたその日、天理では中山善衞《ぜんえ》・三代真柱による講習会の歓迎パーティーが行われていた。この講習会に合わせて、天理出身のかつての名選手たちも帰ってきており、パーティーに顔をそろえていた。その場で、二代真柱の嫡男である三代真柱から祝福を受けたのである。粟津は、まるで二代真柱から祝ってもらっているかのような錯覚を覚えた。さらに、はからずも、天理・フランス双方の柔道関係者からも祝ってもらうこととなり、粟津にとって二重、三重の喜びとなった。

翌日、粟津はそのことを報告するべく、二代真柱の墓前に参った。果たして、生きておられたら、どのように声を掛けていただけたであろうか。

思えば日本政府から勲章を授かったのは、父の命日。フランス政府から授章の知らせが届いたのは、天理で三代真柱から歓迎の宴を開いてもらっていた、まさにそのときだった。粟津の人生に大きな影響を与えた父と二代真柱。両国政府から受けた栄誉は、そのことを象徴するかのような巡り合わせとなった。

栗津の栄冠は続いた。二〇〇二年十月、シラク大統領臨席のもとに、待望の柔道会館が、パリ十四区にオープンした。中には大小二つの柔道場があり、小道場は「DOJO AWAZU」と名づけられた。先のレーシング・クラブの道場と並んで、栗津の名を冠した二つ目の道場が誕生したのである。

栗津は、家族の写真を持ち歩くのが常であるが、その全員がフランスに住んでいる。栗津にとってのフランスは、故郷そのものであった。

それは、栗津の言葉からもうかがえる。

「みんな、フランスにいるでしょ。場所は離れて暮らしているけれど、国内だから、何かあったらすぐに集まれる。だから寂しくなんかありません。日本にいるのと同じですから」と。

そんな言葉が、ごく自然に口から出るのである。

むろん、その言葉とは裏腹に、日本への郷愁が強烈にあることも確かであろう。そもそも栗津は、日本で過ごした青少年期の幾多の思い出、さらには、そこで出会った無数の人々の輪の中で生きてきた。しかも、その青年期は、柔道を通じての最も栄えある日々であった。フランスでの生活の中にも、頑《かたく》なまでに「日本」を持ち込んでいる。だからこそ、フランス柔道連盟が粟津に十段を進呈しようと言ってきたとき、「自分は日本人だから（それを受けるわけにはいかない）」と断ったのであろう。

だが、自身も含めて身内のすべてがフランスに住んでいる。フランスで過ごした年月も、日本でのものより遥《はる》かに長くなっている。そして、教え子を含めた関わりのある柔道家も、ヨーロッパのほうが断然多い。

先の言葉は、そうした思いの正直な吐露であろう。

粟津は、二代真柱からもらった手紙、贈り物など、すべて大切に保管している。

一方の真柱も、これまで述べてきたように、粟津に格別の心寄せをしてきたように思われる。なぜ真柱は、これほど粟津のことに配慮したのか。単に、フランスで世話になった礼というには、度を超している。

おそらく真柱は、フランスで懸命に柔道を広めている粟津を、柔道界を代表して応援しようとしたのではないか。柔道を世界へ広めるために粟津の支えになろうと考えたのではないか。

そしてそのことが、国際交流に資する最善の道と考えたのではないか。そう考えれば、天理大学の監督候補であった古賀など、天理の柔道家をヨーロッパへ送り、逆にヘーシンクをはじめとする幾多のヨーロッパの有名選手を天理に受け入れたのも、辻褄《つじつま》が合う。そしていま、粟津が生きてきたフランスが、柔道はもとより、日本文化を最も理解し受け入れる国になっている。

「雪に耐えて梅花潔《きよ》し」。粟津の座右の銘である。民枝は、揮毫《きごう》を頼まれると、必ずこの言葉を書く。

この言葉は、粟津の人生そのものかもしれない。フランスでの苦労の数々を耐えていま、粟津はフランス柔道の〝育ての親〟として、数多の柔道家から慕われている。

あとがき

筆者が初めて粟津正蔵《あわづしょうぞう》に会ったのは、天理教パリ出張所（現・天理教ヨーロッパ出張所）に着任した一九八四年（昭和五十九年）の秋のことである。九月のある日、所用で同出張所が運営する天理日仏文化協会（以下、文化協会）を訪れた際、協会のスタッフの一人から、粟津を紹介された。

当時、粟津の妻・民枝《たみえ》は、文化協会の書道教室で教鞭《きょうべん》を執っていた。書道教室は、毎週木曜日の夕刻であった。レーシング・クラブでの柔道の練習を終えた帰り道に文化協会へ寄り、民枝を迎えて家に帰るというのが、粟津の木曜日の決まったコースだった。民枝の教室が終わるまでの時間、文化協会の図書室で、日本の新聞を一週間分まとめて読むのも、週に一度の楽しみであった。

その日も、粟津は一人、図書室で新聞を読んでいた。

筆者は日本にいる時から、「粟津正蔵」という人物はフランス柔道界の発展を牽引《けんいん》してきた最大の功労者であると承知していた。それゆえ、紹介された時は緊張感をもって頭を下げたことを覚えている。

それに対して、粟津は、実に丁寧《ていねい》に「初めまして。粟津です」と答礼した。

筆者と粟津とは、親子ほどの年の開きがある。それにもかかわらず、実直に応対する粟津の態度に恐縮したことが、いまなお強烈な印象として残っている。

粟津との付き合いが長くなるにつれ、この生真面目《きまじめ》さは粟津の性格から来ているのだと理解するようになった。在仏六十年を超えてなお、粟津は常に「日本」を身にまとっている。いや、正確に言うと、良き日本人であることを断じて忘れぬよう自分を律しているのだ。それは、単に大正生まれであるとか、柔道家であるといった属性を超えて、異国の地で自分を自分たらしめる生き方なのである。

日本から遥《はる》か一万キロ離れたフランスという国は、実に日本と好対照である。たとえば、セレモニーや画一性といった「縛り」を設けることを極端に嫌う。寡黙《かもく》であるより、能弁に語るほうが美徳である。決められた時間に少々遅れようとも、全く鷹揚《おうよう》である。そういう国柄なのである。そこで人生の大半を送った粟津には、常に日本を意識しないと自分を見失ってしまいそうな恐れがあったのだろう。

日本食を好み、詩吟を詠じ、妻の一歩先を歩き、節句には人形を出し、彼岸におはぎを作らせる。厨房《ちゅうぼう》には決して入らない。食卓で余計なことはしゃべらない。民枝によると、家では縦のものを横にもしない。あまりにも遠い過去の日本人である。

これでは、フランス人にとって、まことに付き合いにくい存在のように思えるのだが、彼の周囲に集まるフランス人は、粟津にそうあってほしいと願っているように見える。フランス人柔道家にとって粟津は、すなわち「日本」であり、たどり着けない憧れでなければならないのだ。

その粟津が、命の恩人と言って憚《はばか》らない人物が、中山正善《なかやましょうぜん》・天理教二代真柱《しんばしら》である。中山の思い出を語るとき、粟津は必ず涙を流す。決して浪花節《なにわぶし》ではない。粟津にとって、中山は父親と同じくらい大きな存在なのである。おそらく中山正善という人間がいなかったら、粟津はとうの昔に日本へ引き揚げていたことだろう。

詳しい経緯は、本書に詳述しているので割愛するが、いわば、粟津がフランス人柔道家を天理へ送る投手、そして中山がそれを受ける捕手であり、この強力なバッテリーの働きで、フランス柔道は強く大きくなったと言えるだろう。

一方、天理出身の柔道家をフランスへ送るときは、その役割が入れ替わる。

天理とフランス柔道の紐帯《ちゅうたい》は、いまなお、いささかもほどけておらず、たとえば二〇〇八年に行われた北京《ペキン》オリンピックでも、フランス柔道ナショナルチームは最終調整を天理大学で行い、北京に乗り込んでいる。

いまやフランスは、世界最多の柔道人口を誇る。筆者は、フランス柔道が今日の隆盛を迎えるまでの道筋、そして、その道中に果たした粟津と中山の役割を知り、後世に残したいと思った。

本書の元となった文章は、『天理教ヨーロッパ出張所報』に連載したものである。当初、連載終了後は、二〇一〇年の同出張所創立四十周年記念として、一冊の本に纏《まと》めるつもりであった。しかし図らずも、天理教教会本部の人事で、二〇〇九年、筆者は帰国することとなり、それに伴って連載は打ち切りとなって、出版の話も頓挫《とんざ》してしまった。

その後、天理教道友社で再度、本書の出版計画が持ち上がり、大幅に加筆・訂正して、このたび日の目を見ることとなった。

最後に、本書の出版に当たりご協力いただいた多くの方々に、この場を借りてお礼を申し上げます。特に、長谷川善久《はせがわよしひさ》・天理教ヨーロッパ出張所長をはじめとする同出張所のメンバーには、フランス現地でのやりとりや資料探し等で、大変お世話になりました。また、単行本製作の実務に携わってくれた、松本泰《まつもとやす》歳《とし》君、北村《きたむら》譲英《じょうえい》君、佐伯《さいき》元治《もとはる》君、森本《もりもと》誠《まこと》君ら、道友社のスタッフに感謝いたします。

二〇一五年四月二十三日

二代真柱生誕百十年の良き日に

永尾教昭

永尾教昭（ながお・のりあき）

1956年、京都市生まれ。

1978年、天理大学外国語学部フランス学科卒業。

1984年から天理教ヨーロッパ出張所勤務。95年、同所長に就任（2009年まで）。2009年４月、学校法人天理大学総合企画部長。同年11月、天理教海外部次長。12年11月から15年３月まで天理教道友社社長。天理教本部員。

著書に『在欧25年』（天理大学おやさと研究所）がある。

雪《ゆき》に耐《た》えて梅花潔《ばいかきよ》し
フランス柔道《じゅうどう》の父《ちち》・粟津《あわづ》正蔵《しょうぞう》と 天理教《てんりきょう》二代《だい》真柱《しんばしら》・中山《なかやま》正善《しょうぜん》

2015年４月23日　　初版第１刷発行

著　者　永尾教昭

発行所　天理教道友社
〒632-8686　奈良県天理市三島町271
電話　0743(62)5388
振替　00900-7-10367

TENRIKYO DOYUSHA

印刷所　株式会社天理時報社
〒632-0083　奈良県天理市稲葉町80

ISBN978-4-8073-0590-2
定価はカバーに表示